# 영어지능

# 영어지능

원서 읽기가 바로 되는 영어 공부 혁명

아이작 유 지음

다연
DAYEONBOOK

# 영어지능,
# 이제는 생각하는 영어의 시대다

나는 뭐든 생각하는 것을 좋아한다. 나는 억지로 외우는 것, 이해하지 않고 기술만 배우는 것을 정말 싫어한다. 왜냐하면 결국 내 머릿속에서 곧 증발하여 사라질 것이기 때문이다.

바둑 프로기사들은 경기가 끝난 뒤 대략 200수나 되는 바둑 내용을 처음부터 끝까지 복기해낸다. 바둑알 한 수 한 수를 대충 둘 수 없다. 그랬다간 패할 테니까 말이다. 하나의 수에는 자신이 생각한 전략과 의미가 담겨 있다. 복기란 그 생각의 흐름을 읽어내는 것이다.

바둑의 복기와 비슷한 경험이 나에게도 있다. 대학원 시절, 연구를 위해 여러 실험을 디자인해야 했다. 이를 위해서는 논문을 읽고 생각을 많이 해야 했다. 정말 신기한 것은 아무리 시간이 지나도 내가 실험한 내용이 잊히지 않고 생생하게 기억나는 거다. 지금도 실험들을 어떻게 했는지 생생히 되돌려 말할 수 있다. 이 경험을 통해 내가 확실하게 깨달은 것이 있다. 내가 직접 생각해낸 것은 오래 기억에 남을 뿐만 아니라 나를 성장시킨다는 사실이다.

영어 또한 마찬가지다! 영어의 본질은 언어이다. 그러므로 영어에서 가장 중요한 것은 영어라는 언어를 활용해 당신의 생각을 만들고 표현해내는 능력, 곧 영어지능을 향상시키는 일이다. 당신의 영어지능을 높일 때, 영어는 공부하지 않으면 다 까먹어버리는 시험 과목의 한계를 뛰어넘을 것이다. 또한 영어지능은 당신이 생각하는 지경을 넓혀줄 것이고 세계 속에서 당신을 성장시켜 결국 성공으로 이끌 것이다.

우리나라는 천문학적인 돈을 매년 영어교육에 투자한다. 하지만 그 투자 대비 효과는 미비하다. 이에 대해서는 독자들도 이미 깊이 느끼고 있을 것이다. 과연 그 이유는 무엇일까?
"어순이 다르다", "몰입된 환경이 아니라서 그렇다", "자신감이 없어서 그렇다", "어릴 때 배우지 않아서 그렇다", "어휘력이 부족해서 그렇다", "원어민에게 교육받지 않아서 그렇다" 등등 수많은 전문가가 나름의 이유를 제시하고 그 해결책을 내놓는다. 그나마 그들의 노력 덕분에 우리나라 영어교육이 지금의 발전에 이르렀다고 생각한다. 하지만 나는 앞으로도 영어교육 효과는 계속 미비할 것으로 예상한다.

나는, 우리나라 영어교육 효과가 낮은 이유는 '이해하지 않고 그대로 받아들이는' 체제 때문이라고 생각한다. 궁리하지 않는 영어 공부는 결코 당신의 영어지능을 높여주지 않는다. 궁리하지 않으면 영어 지식은 당신의 장기 기억에 저장되지 않고 단기 기억에 저장된다. 조금이라도 영어를 공부하지 않으면 잊히고 쓸모없어진 골동품이 되어버린다. 이 것은 마치 중간·기말고사 때 반짝 외웠던 교과목 공부 내용이 시험만 끝나면 증발해버리는 것과 같다.

정말로 많은 시간과 에너지를 투자해서 영어를 배우고 시험을 치렀 는데 잠깐 한눈을 판 사이에 머릿속 영어 지식들이 와르르 무너져버리 는 것을 수많은 영어 학습자가 경험하고 있다. 그 대표적인 예가 바로 대한민국의 수능 영어이다.

유튜브 채널 '영국남자'로 유명한 조쉬는 대한민국 수능 영어 문제지 를 들고 영국에 날아갔다. 그는 영국에서 영어를 가르치는 선생님들을 만나서 대한민국 수능 영어 수준에 대해 물었다. 직접 수능 영어를 풀 어본 영국의 영어 선생님들은 "말도 안 돼. 이렇게 어려운데 어떻게 한 문제당 오십 초 안에 풀 수 있지?" 하며 놀라워했다. 그들은 수능 영어 에 대해서 다음과 같이 비판했다.

첫째, 수능 영어에 나오는 지문이 실제로 사용하지 않아 원어민들조 차 어떻게 발음해야 할지 모르는 영어 단어와 표현들로 가득하다. 매우 터무니없다.

둘째, 동시통역사 수준의 빠른 속도로 영어를 해석하고 빠른 속도로 문제를 풀어야 하는 수능 영어는 언어로서의 영어 수준을 측정하지 못 할 것이다. 원어민도 어려운 수능 영어를 준비하는 대한민국 학생들이 불쌍하다. 수능 영어를 대비하기 위해 학생들이 필요한 건 생각이 필요 없는 단순히 문제 푸는 기술일 것이다.

셋째, 수능 영어는 암기 과목에 가깝다. 수능시험을 치르고 난 뒤 같 은 문제를 1년 뒤에 다시 접한다면 학생들이 풀 수 있을까? 외운 걸 까

먹었기 때문에 힘들 것이다.

이해하지 않고 무조건 외우는 식의 영어교육, 생각하지 않고 정답을 찍는 기술만 키우려는 영어교육은 모래 위에 쌓은 집과 같다. 기반이 튼튼하지 않아서 결국 무너진다. 반면 충분히 이해하고 생각의 힘을 키우는 영어교육은 단단한 지반 위에 세운 집과 같다. 어떤 상황과 환경에도 흔들리지 않고 견고하다.

**'그렇다면 어떻게 영어 공부를 해야 할까? 어떻게 해야 당신의 영어 지능을 극대화할 수 있을까?'**

잘 알고 있는 익숙한 대상을 기준으로 새로운 것을 배울 때 그 학습효과가 극대화되고 혁신이 일어난다. 수많은 혁신의 사례에서 보듯 익숙한 것과 새로운 것을 융합할 때 비로소 혁신이 일어났다. 예컨대 미국의 택시 시스템을 개혁한 우버(Uber) 창업자 트래비스 캘러닉은 MP3 파일 공유 사이트인 '스카우터'와 P2P 파일 공유 사이트인 '레드스우시'를 창업한 이력이 있다. 그에게 앱을 만드는 일은 매우 쉽고 익숙한 것이다. 그는 앱이라는 분야에 택시라는 새로운 분야를 융합하여 우버를 만들었고, 결국 엄청난 혁신을 일으켰다.

많은 영어교육 전문가가 영어는 영어로 생각해야 한다고 말한다. 이 생각에 나는 동의하지 않는다. 어떻게 우리 머릿속에 깊이 뿌리내린 자연스러운 한국어의 도움 없이 영어지능을 극한으로 끌어올릴 수 있을까? 당신이 어린 시절부터 미국 및 영어권 국가에 살지 않았다면 이는 불가능하다. 아무리 영어 능력이 탁월해져도 모국어인 한국어의 능력을 능가할 수는 없다. 우리는 우리에게 정말로 자연스러운 한국어를 통해 언어로서의 영어를 바라보고 익혀야 한다. 이 책을 통해 당신은 익숙한 한국어를 기반으로 어떻게 영어로 생각할 수 있는지 그 비결을 배울 것이다. 이로써 당신의 영어지능이 극대화될 것이다.

### '영어에서 가장 중요한 것은 무엇인가?'

미국에서 살 때 나는 독일인 교수, 인도인 교수, 한국인 교수, 중국인 교수, 이스라엘인 교수 등 성공한 1세대 이민자 교수를 많이 봤다. 이들은 모두 자신의 모국어를 발음하듯 영어를 구사한다. 하지만 미국인 학생 및 교수 그 누구도 그들의 발음을 문제 삼지 않는다. 왜냐하면 그들의 영어 발음과 억양이 좀 달라도, 그들의 사고가 영향력 있고 혁신적이기 때문이다. 독일 나치를 피해 미국에 간 아인슈타인은 미국식 영어로 말하지 않았다. 강한 독일어 억양과 히브리어 억양으로 영어를 말했는데, 미국인들은 그의 모든 말에 귀 기울였다.

껍데기는 가라. 껍데기는 중요하지 않다. 중요한 것은 생각이다. 영어라는 매개체를 통해 당신이 전달하고자 하는 생각이 가장 중요하다. 그동안 인문교양서들을 출간하고 메모리 반도체 전문가로서 열심히 일해오는 와중에 영어 공부법을 새롭게 집필한 이유가 바로 이것이다. 자연스럽게 당신의 생각을 전달하는 언어로서의 영어 공부법을 공유하고 싶다. 영어, 일본어를 구사하며 히브리어, 독일어, 스페인어 등 외국어에 깊은 관심을 갖고 있는 사람으로서, 우리 한국어를 통해 언어로서의 영어를 공부하는 비법을 공유하고자 한다. 이를 통해 당신은 영어가 부담스러운 외국어가 아닌 한국어와 마찬가지로 생각을 전하는 언어임을 깊이 이해할 것이다. 무엇보다 당신의 영어지능은 이전보다 훨씬 높은 수준으로 도약할 것이다.

영어가 두렵고 영어 말하기가 너무 부담스러운 사람, 영어를 재미있게 배우고 평생 활용하고자 하는 사람, 영어를 처음 시작하여 무엇부터 해야 할지 모르는 사람, 딱딱하게 배우는 영문법은 싫은 사람, 새로운 시각으로 영어를 바라보고자 하는 사람, 오픽(공인인증 영어 말하기 시험) 같은 부담스러운 영어 회화 시험을 치르려는 사람, 자녀와 함께 영어를 공부하려는 사람, 친구와 함께 혹은 스터디 모임을 통해 공부하려는 사람, 영어 공부뿐만 아니라 자기계발 및 성장을 이뤄내려는 사람, 대한민국을 넘어 전 세계를 무대로 자신의 위대한 생각을 전달하고 싶은 사람이라면 이 책과 함께하길 바란다. 이 책이 독자들의 영어 공부에 꼭 도움 되길 바라며, 나아가 대한민국 영어교육의 기존 패러다임이 확 바뀌는 계기가 되길 기대한다.

# CONTENTS

## 원서 읽기 실전

ENGLISH IN

영어지능

# TELLIGENCE

원서 읽기가 바로 되는 영어 공부 혁명

# 영어는 언어일 뿐! 당신도 할 수 있다

당신은 이미 뛰어난 언어지능을 가지고 있다. 한국어라는 우수한 언어 능력을 소유하고 있으니까 말이다. 그렇다면 어떻게 당신의 언어지능을 영어로도 발휘할 수 있도록 만들까? 지피지기면 백전백승! 먼저 우리말의 특성에 대해서 이해해보자.

우리는 일상 속에서 어떤 말들을 잘 사용하는가? 우리가 일상 속에서 자주 쓰는 말을 분석해보자.

"밥 먹었어?"

"일 있어서 못 갈 것 같아요."

"그럼 지금 할게."

"와, 대박이다!"

뭔가 감이 잡히는가? 주어가 없어도 상황상, 정황상 누가 주체인지 파악 가능한 것이 바로 우리말이다. 천재적이다. 한국어를 구사할 때, 우리는 주어를 무엇으로 잡을까 크게 고민하지 않는다. 그냥 우리는 생각나는 대로 우리의 생각을 말로 내뱉고 끝에 아주 자연스럽게 서술어를 붙인다. 앞서 예를 든 '먹었어', '못 갈 것 같아요', '할게', '대박이다'처럼 말이다. 주어와 서술어를 잡는 것은 우리가 생각을 말하기도 전에 머릿속에서 아주 습관적으로 자연스럽게 이루어진다. 고민할 필요가 없다.

우리말과 비슷한 언어가 스페인어다. 스페인어는 영어와 비슷하지만 주어를 생략할 수 있다. 영어로 I는 스페인어로 Yo[요]이다. Like는 Quiero[끼에로] 그리고 Korea는 Corea[꼬레아]이다. 예컨대 '나는 한국을 좋아한다'는 'Yo quiero Corea[요 끼에로 꼬레아]'이지만 'Quiero Corea[끼에로 꼬레아]'라고 해도 된다. 왜냐하면 Yo와 Quiero가 항상 같이 붙어 다니기 때문이다. Quiero만 있어도 그 앞에 자동으로 Yo가 있다는 것을 아주 당연히 스페인어 쓰는 사람들은 아는 것이다. 우리말처럼 생각한 것을 말할 때 주어를 무엇으로 잡고 쓸까 고민하지 않고 이에 맞는 동사가 무엇이 와야 할까 고민하지 않는다. 그냥 그들도 생각나는 대로 너무나 자연스럽게 주어와 동사를 입에서 내뱉는다.

한국어와 스페인어가 그렇다면 하물며 영어는 어떤가? 영어도 언어의 하나일 뿐이므로 마찬가지다. 스페인어 사용자들이 '주어 + 동사' 또는 주어 없이 '동사'를 입에서 바로 말해내는 것처럼 영어 사용자들의 입에서는 '주어 + 동사'가 바로 튀어나온다. 영어를 할 때 주어를 잡는 것, 동사를 잡는 것은 머릿속으로 복잡하게 생각할 필요가 없이 아주 빨리 습관적으로 그리고 자동적으로 일어나는 과정이다. 따라서 우리 역시 영어로 말할 때, 주어와 동사에 대해서 깊이 생각하지 않아도 아주 자연스럽게 입에서 튀어나오고, 또한 들었을 때 해석이 되는 수준까지 가야 한다. 이것은 특별한 것이 아니다. 조금만 노력하면 익숙해져 습관처럼 입에 달라붙게 될 것이다.

이제 영어 공부를 할 때, 주어와 동사를 엄격하게 분리해서 연습하지 말고 '주어 + 동사'(이하 주동)를 합쳐서 동시에 연습하는 습관을 들이자. 바로 이것이 앞으로 할 영어 공부의 첫 단추이다. 첫 단추를 잘 끼워야 한다는 말처럼, 영어 공부에서 주동을 제대로 구사하기만 해도 영어를 쓰고, 말하고, 생각하는 모든 활동이 술술 자연스럽게 이루어질 것이다.

make(만들다)를 예로 들어보자.

방금 말했듯이 make만 따로 주야장천 읽고 외우지 말고 주어와 합쳐서 주동의 단위로 읽어야 한다. 그리고 주동을 말하는 속도가 빨라져 입에서 바로 튀어나올 정도로 연습하라.

| | |
|---|---|
| I make | 나 만들어. |
| You make | 너가 만들어. |
| He makes | 그가 만들어. |
| Isaac makes | 아이작이 만들어. |
| I made• | 나 만들었어. |
| She made | 그녀가 만들었어. |
| Grace made | 그레이스가 만들었어. |
| 지성 made | 지성이가 만들었어. |

● made: '만들다'의 과거형 '만들었다'

## 01-1 '주어 + make' 10개 만들기 연습

주어를 바꿔 당신이 직접 10개를 만들어보자.

1.
_____

2.
_____

3.
_____

4.
_____

5.
_____

6.

7.

8.

9.

10.

do(하다)를 예로 들어보자. make와 마찬가지로 주동으로 연습하자.

| I do | 내가 해. |
| You do | 너가 하다. |
| He does | 그가 해. |
| 영희 does | 영희가 해. |
| 동건 did | 동건이 했어. |

● did: '하다'의 과거형 '했다'

## 01-2 '주어 + do' 10개 만들기 연습

직접 주동 10개를 만들어보자.

1.

2.

3.

4.

5.

6.

7.

여기서 make가 makes가 되고, do가 does가 되는 것은 '나', '너'가 아닌 단수주어(그, 그녀, 그것) 뒤에 현재형 동사가 올 때이다. 이것이 익숙하지 않으면 우선 동사 기본형을 가지고 연습을 해봐라. He make / She do / 철수 make / 영희 do처럼 말이다. 중요한 점은 문법의 오류보다도 주동을 자연스럽게 익히는 것이다. 처음 말을 배울 때 어린아이들은 문법의 오류를 신경 쓰지 않는다. 아이들은 먼저 자연스럽게 어순을 익히고, 그다음 문법의 정확성을 또한 자연스럽게 익힌다.

## 01-3 영어를 잘하게 만드는 작은 습관: 빠르게 영어 글씨 쓰기

당신이 시험지나 리포트에 영어를 쓸 것이 아니라면 영어 공부할 때 꼭 다른 사람이 잘 알아보기 쉽게 천천히 또박또박 영어 글씨를 쓸 필요는 없다. 당신이 알아볼 수 있기만 하면 된다. 결국 영어 공부를 통해 당신이 달성해야 하는 것은 생각하는 대로 영어를 말이나 글로 구사하는 것이다. 생각하는 대로 즉시 당신의 입과 손끝이 그 생각을 구현해낼 수 있어야 한다. 이 책으로 공부하다 보면 반드시 그 경지에 이를 것이다.

지금부터 긴 시간을 두고 차근차근 '빠르게 영어 글 쓰는 연습'을 하라. 당신 주위에 영어책이 있다면 그냥 아무 생각 없이 재빠르게 필사해보라. 당신만의 영어 필기체가 없다면 또박또박 쓸 수밖에 없다. 하지만 점점 영어 글씨 쓰는 속도가 빨라진다면 당신의 손에 딱 맞는 그리고 당신의 눈에 만족스러운 영어 필기체를 습득하게 될 것이다.

내 경우, 한글 쓰는 속도와 영어 쓰는 속도가 동일하다. 한글을 쓸 때도, 영어를 쓸 때도 나만의 필체가 있다. 이것은 글씨를 빨리 쓰는 데서 자연스럽게 이루어진다. 혹 당신의 필기체가 좀 마음에 안 든다면 구글이나 유튜브에 필기체를 검색해봐라. 수많은 검색 결과가 나올 것이다. 이를 참고해서 당신만의 필기체를 습득해가라. 나는 레오나르도 다빈치의 글씨체에 매료되어 그 일부분을 차용하여 나만의 필기체를 완성했다. 다음과 같이 말이다.

through questions, individuals can improve their creativity, persuasiveness, productivity, and ways of thinking to new teachers. In addition, organizations and companies can achieve innovation and create successful company culture through questions. Questions will promote domestic education that nurtures our future leaders and catalyze transformations that contribute to a more wonderful happier world. We must improve our question intelligence.

# 주동, 입에 착 달라붙게 연습하기

앞서 간단히 do와 make를 가지고 주동 연습을 해보았는데, 어떤가? 재미있는가? 입에서 무의식적으로 주동이 나올 정도로 연습을 더 해보자. 일상에서 언제나 사용하는 표현으로 말이다. 이제 여기서 미션을 하나 더 추가해보자.

## 미션

'I(나)', 'You(너)'를 뺀 단수 주어(He / She / It / 철수 / 영희 등)의 경우 동사 끝에 's'를 붙인다. 다음과 같이 말이다.

| | |
|---|---|
| 부장님 makes | 부장님 만드시다. |
| 과장님 plays | 과장님 논다. |
| We eat | 우리 먹다. |
| You do | 너가 하다. |
| I am | 나는 입니다. / (어떠)합니다. |
| He is | 그는 입니다. / (어떠)합니다. |

영어 초보자라면, 주어를 아무거나 막 잡는 게 쉽지 않을 것이다. 그렇다면 다음의 주어 리스트를 활용하자.


## 주어 후보군

I(나) / You(너) / We(우리) / 너희들(You) / 그들(They) / She(그녀) / He(그) / It(그것) / 철수 / 영희 / 지성 / 성룡 / 철수and 영희 등······.


영어가 익숙하지 않다면 최대한 우리말 주어를 사용하자. 다음의 표는 일상생활에서 꼭 알아야 하는 70개의 정말 쉬운 영어 동사들이다.

| am / are / is | get | read | want | help |
|---|---|---|---|---|
| 이다 / (어떠)하다 | 얻다 | 읽다 | 원하다 | 돕다 |
| write | need | try | feel | stand |
| 쓰다 | 필요하다 | 시도하다 | 느끼다 | 서다 |
| let | know | sit | mean | go |
| 하게 하다 | 알다 | 앉다 | 뜻하다 | 가다 |
| pull | follow | come | see | hear |
| 당기다 | 따르다 | 오다 | 보다 | 듣다 |
| do | look | listen | walk | stop |
| 하다 | 바라보다 | 듣다 | 걷다 | 멈추다 |
| speak | run | wait | bring | change |
| 말하다 | 달리다 | 기다리다 | 가져오다 | 바꾸다 |
| leave | call | check | take | show |
| 떠나다 | 부르다 | 체크하다 | 잡다 | 보여주다 |
| think | remember | eat | become | win |
| 생각하다 | 기억하다 | 먹다 | 되다 | 이기다 / 얻다 |

| drink | live | put | send | wish |
|---|---|---|---|---|
| 마시다 | 살다 | 놓다 | 보내다 | 바라다 |
| have | use | like | keep | believe |
| 가지다 | 사용하다 | 좋아하다 | 지키다 | 믿다 |
| love | start | find | push | buy |
| 사랑하다 | 시작하다 | 찾다 | 밀다 | 사다 |
| lose | turn | sell | make | seem |
| 잃다 | 뒤집다 | 팔다 | 만들다 | 보이다 |
| search | give | watch | talk | drive |
| 찾아보다 | 주다 | 시청하다 | 말하다 | 운전하다 |
| say | work | stay | forget | pay |
| 말하다 | 일하다 | 머물다 | 잊다 | 지불하다 |

여기에 '나' / '너'가 아닌 단수 명사가 주어가 될 때는 동사 끝에 's' 또는 'es'가 붙는다. 다음과 같이 말이다.

| be ▸ is | get ▸ gets | read ▸ reads | want ▸ wants | help ▸ helps |
|---|---|---|---|---|
| write ▸ writes | need ▸ needs | try ▸ tries | feel ▸ feels | stand ▸ stands |
| let ▸ lets | know ▸ knows | sit ▸ sits | mean ▸ means | go ▸ goes |
| pull ▸ pulls | follow ▸ follows | come ▸ comes | see ▸ sees | hear ▸ hears |
| do ▸ does | look ▸ looks | listen ▸ listens | walk ▸ walks | stop ▸ stops |
| speak ▸ speaks | run ▸ runs | wait ▸ waits | bring ▸ brings | change ▸ changes |
| leave ▸ leaves | call ▸ calls | check ▸ checks | take ▸ takes | show ▸ shows |
| think ▸ thinks | remember ▸ remembers | eat ▸ eats | become ▸ becomes | win ▸ wins |
| drink ▸ drinks | live ▸ lives | put ▸ puts | send ▸ sends | wish ▸ wishes |
| have ▸ has | use ▸ uses | like ▸ likes | keep ▸ keeps | believe ▸ believes |

| love ▸ loves | start ▸ starts | find ▸ finds | push ▸ pushes | buy ▸ buys |
|---|---|---|---|---|
| lose ▸ loses | turn ▸ turns | sell ▸ sells | make ▸ makes | seem ▸ seems |
| search ▸ searches | give ▸ gives | watch ▸ watches | talk ▸ talks | drive ▸ drives |
| say ▸ says | work ▸ works | stay ▸ stays | forget ▸ forgets | pay ▸ pays |

• 대부분의 동사 끝에 's'를 붙이면 거의 해결된다. 하지만 예외가 있는데, 'o', 'x', 's', 'ch', 'sh'로 끝나는 동사에는 'es'를 붙인다. 그리고 '모음 + y'로 끝나는 동사에는 'y'를 'i'로 바꾸고 'es'를 붙인다.

• 여기서 잠깐! 동사 끝에 붙은 's'가 [s]로 발음되기도 [z]로 발음되기도 하는데 왜 그럴까? 's'의 바로 전 발음이 성대가 울리는 소리(d, z, b, r, g 등)가 나면 [z] 소리가 나고, 성대가 울리지 않는 소리 (t, s, p, c, ch, sh, k 등)가 나면 [s] 소리가 난다.


혼자 연습할 때, 각 동사에 대하여 위 주어 후보군 하나하나를 매치시켜서 연습해보라. 다음과 같이 말이다.

| | |
|---|---|
| I am | 나 이다. / 나 하다. |
| You are | 너 이다. / 너 하다. |
| We are | 우리 이다. / 우리 하다. |
| They are | 그들 이다. / 그들 하다. |
| 아이작 is | 아이작 이다. / 아이작 하다. |
| I live | 나 산다. / 살아. / 삽니다. / 살아요. |
| You live | 너 산다. |
| We live | 우리 산다. |
| They live | 그들 산다. |
| She lives | 그녀 산다. |
| He lives | 그 산다. |
| It lives | 그것 산다. |
| 아이작 lives | 아이작 산다. |
| 병민 lives | 병민 산다. |

• Be동사인 am / are / is는 다 같은 뜻이지만 주어가 무엇인가에 따라 형태가 다르다. I(나) + am ; You(너 / 너희들) / We(우리) / They(그들) / 철수 and 영희 + are ; He(그) / She(그녀) / it(그것) / 아이작 + is

25

또한 주어 하나를 고정하고 동사들을 하나하나 매치시켜서 연습할 수 있다. 다음과 같이 말이다.

| | |
|---|---|
| I get | 나 얻다. |
| I win | 나 이기다. / 얻다. |
| I put | 나 놓다. |
| I have | 나 가지다. |
| He gets | 그가 얻다. |
| He wins | 그가 이기다. |
| He puts | 그가 놓다. |
| He has | 그가 갖다. |
| 아이작 gets | 아이작 얻다. |
| 아이작 wins | 아이작 이기다. |
| 아이작 puts | 아이작 놓다. |
| 아이작 has | 아이작 가지다. |

## 02-1 주동 하나로 느끼기 연습

주어와 동사가 분리되어 느껴지지 않고 하나로 느껴질 때까지 주동 연습을 꾸준히 하길 바란다. 아래 빈칸에 주어와 동사를 넣어서 주동을 말하라. 처음에는 동사를 하나 고른 뒤, 주어를 바꿔가면서 주동을 연습하고 다음에는 주어를 하나 고른 뒤, 동사를 바꿔가면서 주동을 연습하라. 익숙해진다면 더 빨리 큰 소리로 말하면서 연습하자.

I(나) / You(너) We(우리) / You(너희들)
그들(They) / She(그녀) He(그) / It(그것)           +      동사들 리스트
철수 / 영희 / 지성 / 성룡 / 철수 and 영희
……

26

## 02-2 친구들과 주동 연습하기

당신이 친구들과 함께 영어를 공부한다면, 이렇게 게임을 할 수도 있다. 한 사람이 "아이작 달린다"라고 하면 5초 안에 "아이작 runs" 하고 외치는 게임이다. 이때 한 사람씩 돌아가면서 연습한다. 이 게임을 통해 '주어 + 동사'가 더욱 입에 잘 달라붙을 것이다. 특별히 '나', '너'가 아닌 단수 주어의 경우, 동사 끝에 's'를 붙이는 게 좀 더 자연스러울 것이다. 동사 끝에 's' 붙이는 걸 틀린다면 벌칙을 받는다.

### 주동 말하기 게임 예시

그가 간다 ▶ He goes ▶ 병민이 산다 ▶ 병민 lives ▶ 그녀가 낸다 ▶ She pays ▶ 테드가 쓴다 ▶ Ted writes ▶ 그것이 달린다 ▶ It runs ▶ 부장님이 노신다 ▶ 부장님 plays ▶ 내 남편이 마신다 ▶ My husband drinks ……

## CHAPTER 03 현재시제 주동으로부터 말 잇기
### : 주동 + 무엇 / 누구 / 어떠하다

이번 장에서는 주동으로부터 자연스럽게 말이 이어지는 과정을 다루고자 한다. 일상 속에서 우리가 대화하는 것을 생각해보자.

친구: 나 만들어(I make).

나: ?

"나 만들어"라는 친구의 말을 듣고 자연스럽게 드는 생각은 무엇인 가? 뭔가 이상하다는 느낌! 맞다. 왜냐하면 도대체 뭘 만드는 것인지 친 구가 당신에게 말을 하지 않았기 때문이다. 당신은 결국 묻게 된다.

"야, 도대체 뭘 만든다는 거야? 뭘?"

그제야 친구는 답한다.

"아~ 나 케이크 만들어(I make + a cake)."

이렇게 make와 같은 주동 뒤에는 무엇(명사)이 와야 말이 자연스럽 게 이어진다.

상대방: 저는 입니다. / (어떠)합니다(I am).

나: ?

마찬가지로 당신은 상대방의 말에 이상하다고 느낄 것이다. 상대방의 정체에 대한 정보를 주지 않았기 때문이다. 당신은 궁금해서 묻게 된다. 그러면 상대방은 답을 할 것이다.

"저기 당신 뭡니까? 누구예요?"

"저는 학생입니다(I am a student)."

"당신 도대체 어떻다는 겁니까?"

"저는 행복합니다(I am happy)."

이렇게 '주어 + Be동사(am, are, is)'라는 주동 뒤에는 '무엇 / 누구(명사)' 또는 '어떠하다(형용사)'가 와야 말이 자연스럽게 이어진다.

한편, 이러한 주동은 어떨까?

| | |
|---|---|
| She runs | 그녀가 달린다. |
| He works | 그가 일한다. |

이러한 경우의 주동은 추가적으로 '무엇', '누구', '어떠하다'가 붙지 않아도 말이 된다. 이처럼 어떤 주동은 뒤에 '무엇', '누구', '어떠하다'가 와야 자연스럽고 어떤 주동은 그 자체로 자연스럽다. 이 두 가지의 구분은 언어를 구사하는 사람은 누구나 아주 쉽고 자연스럽게 할 수 있는 것이다. 이를 위해서 어떤 고정된 틀, 즉 복잡한 문법을 외우지 않아도 된다. 그냥 자연스럽게 '무엇', '누구', '어떠하다'가 생각나면 자연스럽게 주동 뒤에 갖다 붙이면 되는 것이다.

## 03-1 '주동 + 무엇 / 누구 / 어떠하다' 말 잇기

다음의 주동들을 보고 뒤에 명사(누구 / 무엇)가 와야 한다 생각한다면
명사를 붙이고 형용사(어떠하다)를 붙이고 싶으면 형용사를 붙여보라.
당신의 두뇌를 풀가동해서 생각나는 명사 또는 형용사를 다 갖다 붙여봐
라. 그리고 '주동 + 당신이 붙인 말'을 하나하나 자신 있는 목소리로 읽어
라. 만약 He works(그가 일한다)처럼 굳이 명사 / 형용사를 추가하지 않
아도 되는 경우에는 그대로 두든가, '회사에서 / 힘들게 / 공원에서 / 오
늘 밤 / 새벽부터' 등 생각나는 말을 꼭 적어보고 읽어라(이에 관한 구체
적인 연습은 뒤에서 할 것이다). 명사나 형용사가 영어로 생각이 안 나면
일단 한글로 적고 꼭 네이버 사전 등의 검색을 해서 영어로 옮기자.

I am(나 입니다. / 합니다.) a teacher / happy / pretty / a good person

나 선생이야. / 행복해. / 예뻐. / 좋은 사람이야.

I know(나는 알고 있다.) you / him / it / her / them

나 너를 알고 있어. / 그를 알고 있어. / 그것을 알고 있어. / 그녀를 알고 있어. / 그들
을 알고 있어.

You are(당신은 입니다. / 합니다.)

It is(그건 입니다. / 해요.)

She does(그녀는 합니다.)

• do의 '하다'라는 뜻은 '어떠하다'가 아닌, '(어떤 행동을) 하다'라는 뜻이다.

They become(그들은 됩니다.)

Isaac gives(아이작이 준다.)

Grace gets(그레이스가 얻는다.)

철수 wins(철수가 얻는다.)

I have(나는 가지고 있다.)

We see(우리는 본다.)

They seem(그들은 (어떠하게) 보인다.)

You and I watch(너와 나는 시청 / 관람한다.)

선생님 reads(선생님 읽는다.)

학생 talks(학생이 이야기한다.)

I want(나 원한다.)

It needs(그것은 필요하다.)

She likes(그녀는 좋아한다.)

We walk(우리는 걷는다.)

They know(그들은 알고 있다.)

He buys(그는 산다.)

She sells(그녀는 판매한다.)

My father searches(내 아빠는 찾는다. / 검색한다.)

We follow(우리는 따른다. / 추종한다.)

## 03-2 관사라는 녀석들(a, the)에 관한 이야기

아이작의 원 포인트 코칭

많은 사람이 a와 the를 어려워한다. a는 '여러 가지 중에서 하나의'라는 뜻을 가지고 있다. the는 '이미 알고 있는 그'라는 뜻을 가지고 있다. 예컨 대 당신이 하나의 선물(present)을 친구에게서 받았다고 하자. 친구는 여러 선물 중에서 하나의 선물을 당신에게 주었으니 'a present를 준 것' 이다. 그리고 일주일 뒤 친구가 당신에게 그 선물(친구도 당신도 이미 알고 있는 그 선물) 잘 있냐고 묻는다. 이때는 'the present를 확인한 것'이다. 한편 하나로 존재하는 것이 아니라 여러 개로 존재한다면 단어 끝에 '-s'를 붙이면 된다. 만약 당신이 공원에서 지나가는 개들을 본다고 하자. I see dogs가 된다. 여기서 I see the dogs라고 하면 안 된다. 왜냐하면 당신이 모르는 개들, 알고 있지 않은 개들이기 때문이다.

### 03-3 '나 / 너 / 너희들 / 우리 / 그 / 그녀 / 그들'이 주동 다음 목적어로 올 때

예컨대 "난 그를 알아"라고 표현할 때, I know he라고 하지 않고 I know him이라고 한다. 이렇게 주동 다음에 대명사(I, you, we, he, she, they)에 해당하는 말이 올 때 다음과 같이 변신한다.

| I | ▸ | me |
| you | ▸ | you |
| we | ▸ | us |
| he | ▸ | him |
| she | ▸ | her |
| they | ▸ | them |

# 과거시제 주동으로부터 말 잇기
## : 주동 + 무엇 / 누구 / 어떠하다 / 어디

대화할 때 우리는 현재형 문장만 사용하는 게 아니다. 많은 경우, 과거형 문장들을 사용한다. 다음의 예처럼 말이다.

철수: 너 그것 봤어? 대박이었어!　　　　　You watched it? It was awesome!

영희: 응, 봤지! 그리고 그다음 화도 봤어!　　Yes! I also watched the next one!

이번에는 바로 과거시제 주동 연습을 할 것이다. 바로 앞에서 '현재시제 주동 + 무엇 / 누구 / 어떠하다'를 연습했다. 여기에 두 가지만 추가하면 된다. 첫째, 현재시제 주동을 과거시제 주동으로 바꾸는 것. 둘째, 과거시제 주동에 '무엇', '누구', '어떠하다' 외에 '어디'도 추가하는 것이다. 부담 갖지 말고 연습해보길 바란다.

어떻게 주동을 과거시제로 만들 수 있을까? 가장 쉬운 방법은 동사 끝에 '-ed'를 붙이는 것이다. 다음과 같다.

| | |
|---|---|
| I want － I wanted | 나 원했다. |
| I need － I needed | 나 필요했다. |
| I help － I helped | 나 도왔다. |
| I follow － I followed | 나 따랐다. |
| I like － I liked | 나 좋아했다. |
| I use － I used | 나 이용했다. |
| I believe － I believed | 나 믿었다. |
| I check － I checked | 나 확인했다. |
| I search － I searched | 나 검색했다. |
| I watch － I watched | 나 봤다. |
| I stop － I stopped | 나 멈췄다. |
| I stay － I stayed | 나 머물렀다. |
| I live － I lived | 나 살았다. |

물론 ed로 끝나지 않는 불규칙형태의 과거형 동사들이 존재한다. 하지만 부담 갖지 마라. 불규칙형태의 과거형 동사들은 일상에서 정말로 많이 쓰이기 때문에 영어 연습을 계속하다 보면 입에 자연스럽게 붙을 것이다. 먼저 과거시제 주동을 '무엇 / 누구 / 어떠하다 / 어디'와 연결하여 연습해보자.

| | | |
|---|---|---|
| I liked | | 나 좋아했다. |
| I liked | (누구?) | her |
| I liked | (무엇?) | 삼겹살 |
| I liked | (무엇?) | soccer |
| I liked | (무엇?) | that style |
| I liked | (무엇?) | 한국 문화(Korean culture) |

• This는 '이것' 또는 '이-'　　　　　　　　That은 '저것', '저-'
　ex) this book 이 책 / this is good 이것 좋다　ex) that is nice 저것 괜찮다 / that boy 저 소년
　　　　　　　　　　　　　　　　　　　　　복수인 경우 this는 these, that은 those로 바뀐다.

| | | |
|---|---|---|
| I was | | 나 였어. / 어떠했어. |
| I was | (누구?) | a stock trader: 나는 주식 거래인이었어. |
| 철수 was | (누구?) | a good man: 철수는 좋은 사람이었어. |
| You were | (어떠하다?) | better: 너는 (전에) 더 나았어. |
| She was | (어떠하다?) | so kind: 그녀는 정말 친절했어. |

• 현재시제 주동 I am → I was로 바뀌고, He is → He was로 바뀐다.
  You are / They are / We are → You were / They were / We were로 바뀐다.


그다음으로 주동에 '어디'를 추가해서 말을 이어보자.

| | | |
|---|---|---|
| Isaac lived | | 아이작 살았어. |
| Isaac lived | (어디?) | in America: 아이작 미국에 살았어. |
| Isaac lived | (어디?) | in Daejeon: 아이작 대전에 살았어. |
| Isaac lived | (어디?) | near a park: 아이작 공원 근처에 살았어. |

• a park이므로 여러 공원 중 하나인데 어떤 공원인지 말하는 사람은 모름.


**04-1 동사 끝에 붙은 's'가 [s] 발음이 되기도, [z] 발음이 되기도 하는 것처럼 '-ed'가 [t] 발음이 되기도 [d] 발음이 되기도 하는데 그 이유는?**

'ed' 바로 전의 발음이 성대가 울리는 소리(d, z, b, r, g 등)가 나면 [d] 소리가 나고, 성대가 울리지 않는 소리(t, s, p, c, ch, sh, k 등)가 나면 [t] 소리가 난다.

아이작의 원 포인트 코칭

36

## 04-2 '어디'를 나타내는 표현들

수많은 영어 표현 사용을 통해 장소에 관한 영어 표현들을 이미 잘 알고 있다고 생각한다. 다만 기본적인 개념을 정리한다는 마음으로 공부해보자.

in은 어떤 공간 안에 있다는 느낌을 강조할 때 쓴다.

| | |
|---|---|
| in the park | 공원에서 |
| in a bank | 어느 한 은행 안에서 |
| in the school | 학교에서 |
| in the library | 도서관에서 |

at은 in보다 좀 더 구체적이고 특정한 장소를 이야기할 때 쓴다. in이 어떤 공간의 안에 있음을 강조한다면 at은 뭉뚱그려 어떤 장소에 있음을 말한다. in the library가 '도서관 안에서'라고 한다면 at the library는 '도서관에서', 즉 도서관 안에 있어도 되고 도서관 밖 광장에 있어도 된다.

| | |
|---|---|
| at the door | 문 쪽에 |
| at the corner | 모퉁이에 |
| at the airport | 공항에(공항 건물일 수도, 공항 건물 밖일 수 있음. 뭉뚱그려 공항에) |
| at the theater | 영화관에 |

on 어떤 표면 위에 있다는 것을 표현할 때 쓴다.

| | |
|---|---|
| on the wall | 벽 위에 |
| on the table | 테이블 위에 |
| on the street | 거리에서 |
| on my face | 내 얼굴에 |

• 소유를 나타낼 때, 대명사의 형태는 바뀐다. 나의: my, 너의 / 너희의: your, 우리의: our, 그의: his, 그녀의: her, 그것의: its, 그들의: their, 아이작의: 아이작's

37

over는 뭔가의 위에 있음을 말하고 반대로 under는 뭔가의 아래 있음을 말한다.

| | |
|---|---|
| over the rainbow | 무지개 위에 |
| over the wall | 벽 위로 |
| under the table | 테이블 아래로 / 몰래 |
| under the bridge | 다리 밑에 |

in front of는 말 그대로 어떤 대상의 앞에 있음을 뜻하고, 반대로 behind는 어떤 대상의 뒤에 있음을 뜻한다.

| | |
|---|---|
| in front of her | 그녀 앞에 |
| in front of the station | 역 앞에 |
| behind him | 그 뒤에 |
| behind the door | 문 뒤에 |

next to 또는 by는 '어떤 대상의 옆에 / 곁에'라는 뜻을 가지고 있다. near는 '어떤 대상의 근처에'라는 뜻을 가지고 있다. around는 '어떤 대상을 둘레로 / 주위에'라는 뜻을 가지고 있다.

| | |
|---|---|
| next to my house | 내 곁에 |
| near that place | 그 장소 근처에 |
| around the earth | 지구 둘레로 |
| around Seoul | 서울 주위에 |

between은 '두 가지 대상의 가운데 / 사이에'라는 뜻이며 among은 '세 가지 이상의 대상들 가운데 / 사이에'라는 뜻을 가지고 있다.

| | |
|---|---|
| between 철수 and 영희 | 철수와 영희 사이에 |
| between calm and passion | 냉정과 열정 사이에 |
| among those people | 그 사람들 가운데 |
| among us | 우리들 사이에 |

from은 '어떤 대상으로부터'라는 출발점의 의미를 가지고 있고, to는 '어떤 대상으로 / 대상에'라는 지향점의 의미를 가지고 있다.

| | |
|---|---|
| from the start | 출발점으로부터 |
| from South Korea | 대한민국으로부터 / 대한민국 출신 |
| to the park | 공원으로 / 공원에 |
| to the end | 끝까지 |

여기까지 장소를 나타내는 여러 표현을 다루었다. 이 표현들은 일상에서 늘 사용하는 것들이다. 이외에도 수많은 표현이 존재하기에 지속적으로 업데이트하길 바란다.

## 04-3 직접 '과거시제 주동 + 무엇 / 누구 / 어떠하다 / 어디'를 연습해보기

아이작의 원 포인트 코칭

| | |
|---|---|
| I was at the library. | 나는 있었어. / (어디에?) 도서관에 |
| I was a doctor in US. | 나는 의사였어. / (어디에 있을 때?) 미국에서 |
| They were in the school. | 그들은 있었어. / (어디에?) 학교에 |
| I checked my reservation. | 나는 확인했어. / (뭘 말이야?) 내 예약을 말이야. |

She wanted promotion in her company.
그녀는 원했어. / (뭘?) 승진을 / (어디서?) 그녀 회사에서

39

I wanted

They needed

He helped

The dog liked

I believed

She checked

Her father searched

We watched

He and I stopped

You guys stayed

They were

We were

I was

It was

She was

I lived

## 04-4 과거시제 주동의 미묘한 뉘앙스에 대해서

다음의 표현이 있다고 하자.

I was crazy back then!　　그땐 내가 미쳤지!

I believed him!　　　　　난 그를 믿었어!

여기서 잠깐! 지금 그녀는 그를 믿고 있는가? 당연히 아님을 알 수 있다! 과거시제의 주동은 항상은 아니지만 '지금은 그렇지 않다'는 현재와 반대의 뉘앙스가 있다. 이렇게 과거시제의 주동은 현재에 대한 정보를 주지 않는다! 그래서 과거의 일이 현재에도 쭉 영향을 끼치는 경우에는 특별한 녀석을 쓴다. '현재완료'라고 불리는 이것은 나중에 다루기로 한다.

# 불규칙 과거시제 주동으로부터 말 잇기 Ⅰ

## :주동 + 무엇 / 누구 / 어떠하다 / 어떻게 / 어디 / 언제

앞서 과거시제 동사는 항상 'ed' 형태로 끝나지 않고 불규칙 형태일 수 있다고 했다. 그런데 희소식은 이러한 불규칙 형태의 과거시제 동사들은 일상 속에서 늘 사용하기 때문에 영어 공부를 하다 보면 자연스레 입에 붙는다는 점이다.

아래 표에 기본 동사들의 과거시제를 표기해두었다. 총 70가지의 동사 중 불규칙을 빨간색으로 표시했다. 총 70개 중에서 39개가 불규칙 동사이다. 반이 넘는다고 벌써 겁먹었는가? 첫술에 배부르랴. 시작이 반이다. 자, 용기 내어 함께 공부해보자.

| am, is ▸ was<br>are ▸ were | get ▸ got | read ▸ read | want ▸ wanted | help ▸ helped |
|---|---|---|---|---|
| (였다) | (얻었다) | 읽었다 | 원했다 | 도왔다 |
| write ▸ wrote | need ▸ needed | try ▸ tried | feel ▸ felt | stand ▸ stood |
| 썼다 | 필요했다 | 시도했다 | 느꼈다 | 섰다 |
| let ▸ let | know ▸ knew | sit ▸ sat | mean ▸ meant | go ▸ went |
| 하게 했다 | 알았다 | 앉았다 | 뜻했다 | (갔다) |

| pull ▸ pulled | follow ▸ followed | come ▸ came | see ▸ saw | hear ▸ heard |
|---|---|---|---|---|
| 당겼다 | 따랐다 | (왔다) | (보았다) | 들었다 |
| do ▸ did | look ▸ looked | listen ▸ listened | walk ▸ walked | stop ▸ stopped |
| (했다) | 바라봤다 | 들었다 | 걸었다 | 멈췄다 |
| speak ▸ spoke | run ▸ ran | wait ▸ waited | bring ▸ brought | change ▸ changed |
| 말했다 | 달렸다 | 기다렸다 | 가져왔다 | 바꿨다 |
| leave ▸ left | call ▸ called | check ▸ checked | take ▸ took | show ▸ showed |
| 떠났다 | 불렀다 | 체크했다 | (잡았다) | 보여줬다 |
| think ▸ thought | remember ▸ remembered | eat ▸ ate | become ▸ became | win ▸ won |
| 생각했다 | 기억했다 | 먹었다 | (되었다) | (이겼다) |
| drink ▸ drank | live ▸ lived | put ▸ put | send ▸ sent | wish ▸ wished |
| 마셨다 | (살았다) | (놓았다) | 보냈다 | 바랐다 |
| have ▸ had | use ▸ used | like ▸ liked | keep ▸ kept | believe ▸ believed |
| (가졌다) | 사용했다 | 좋아했다 | 지키다 | 믿었다 |
| love ▸ loved | start ▸ started | find ▸ found | push ▸ pushed | buy ▸ bought |
| 사랑했다 | 시작했다 | 찾았다 | 밀었다 | 샀다 |
| lose ▸ lost | turn ▸ turned | sell ▸ sold | make ▸ made | seem ▸ seemed |
| 잃었다 | 뒤집었다 | 팔았다 | (만들었다) | 보였다 |
| search ▸ searched | give ▸ gave | watch ▸ watched | talk ▸ talked | drive ▸ drove |
| 검색했다 | (주었다) | 시청했다 | 말했다 | 운전했다 |
| say ▸ said | work ▸ worked | stay ▸ stayed | forget ▸ forgot | pay ▸ paid |
| 말했다 | 일했다 | 머물렀다 | 잊었다 | 지불했다 |

먼저 지금까지 공부한 '주동 + 무엇 / 누구 / 어떠하다 / 어디' 연습을 다시 한 번 심화해서 해보자.

"I bought 나 샀어"라고 말하면 말이 안 되므로, 다음에 '무엇'을 샀는지가 나와야 한다.

"I bought a watch 시계 샀어."

또한 다음과 같이 I bought 다음에 '누구'가 올 수도 있다.

"I bought her 나 사줬어 (누구) 그녀에게."

그런데 이 경우에 또 궁금해진다. 그녀에게 무엇을 사줬는데?

"I bought her a gift 나 사줬어 (누구) 그녀에게 (무엇) 한 선물을."

"I bought him an iphone 나 사줬어 (누구) 그에게 (무엇) 아이폰."

이처럼 'I bought + 누구 + 무엇' 또는 'I bought + 무엇'이 올 수 있다.

"I was(나였어 / 어떠했다)"라고 말하면 다음과 같이 '무엇'이 올 수도 있고 '누구'가 올 수도 있다. 또한 '어떠하다'라는 상태를 나타내는 형용사가 올 수 있다.

| | |
|---|---|
| I was | 나였어. |
| I was a genius | 나 천재였어(누구). |
| I was a dog | 나 개였어(무엇). |
| I was handsome | 나 잘생겼어(어떠하다). |

"You did(너 했다)"라고 한다면, 기본적으로 '무엇'이 올 수 있고 그 방법을 나타내는 '어떻게'가 올 수 있다. 위에서 '어떠하다'가 상태를 나타내는 형용사라면, '어떻게'는 방법을 나타내는 부사이다.

| You did | 너 했어. |
|---|---|
| You did it | 너 했어 (무엇) 그것 |
| You did it wrong | 너 했어 (무엇) 그것 (어떻게) 틀리게 |
| You did it right | 너 했어 (무엇) 그것 (어떻게) 옳게 |

• wrong: 틀린 (어떠하다), 틀리게 (어떻게) • right: 옳은 (어떠하다), 옳게 (어떻게)

| He went | 그는 갔다. |
|---|---|
| He went crazy | 그는 미쳐 갔어(어떠하다). |
| He went to the park | 그는 공원에 갔어(어디). |
| He got | 그는 얻었어. |
| He got a bitcoin | 그는 비트코인 얻었어(무엇). |
| He got angry | 그는 화났어(어떠하다). |

• 어떠한 상태를 얻었음

| He got me crazy | 그는 날 미치도록 했어(누구) + (어떠하다). |
|---|---|
| He got it better | 그는 그것을 더 좋게 되게 했다(무엇) + (어떠하다). |

• 누가 어떠한 상태를 얻도록 하니까.

| She became | 그녀는 됐어. |
|---|---|
| She became a doctor | 그녀는 의사가 됐어(누구). |
| She became beautiful | 그녀는 아름답게 됐어(어떠하다). |

• 아름다움이 되었으니까.

| | |
|---|---|
| 할머니 할아버지 gave | 그들은 줬어. |
| 할머니 할아버지 gave a watch | 그들은 시계 줬어(무엇). |
| 할머니 할아버지 gave me a watch | 그들을 나에게 시계 줬어(누구) + (무엇). |

지금까지 예를 든 문장 표현들을 정리하자면 다음과 같은 패턴이 나온다.

(주동) + (누구)

(주동) + (무엇)

(주동) + (어떠하다)

(주동) + (누구 / 무엇) + (어떠하다)

(주동) + (누구) + (무엇)

(주동) + (무엇) + (어떻게)

…

여기에 '어디 / 언제'까지 뒤에 붙이면 더욱더 긴 문장을 말할 수 있게 되는 것이다. 그런데 중요한 것은 이러한 복잡한 패턴 공식으로 외우는 것이 절대 아니다. 그냥 주동을 말하고 이에 어울리는 말들 생각나는 대로 '무엇 / 누구 / 어떠하다 / 어떻게 / 어디 / 언제'를 붙여나가기만 하면 되는 것이다. 계속 연습하고 훈련하면 그냥 자연스럽게 가능해진다.

## 05-1 형용사와 부사 다뤄보기

'어떠하다'를 나타내는 형용사와 '어떻게'를 나타내는 부사를 다루어보자.
부사를 만드는 가장 쉬운 방법은 형용사 뒤에 '-ly'를 붙이는 것이다. 예
컨대 신속한 quick에 'ly'를 붙여 quickly라고 하면 '신속히'가 된다.

Slow(느린) slowly(느리게)

Main(주요한) mainly(주로)

Beautiful(아름다운) beautifully(아름답게)

Graceful(우아한) gracefully(우아하게)

그런데 형용사가 이미 y로 끝난다면 y를 -i로 바꾸고 ly를 붙여라.

easy(쉬운) easily(쉽게)

lucky(운 좋은) luckily(운 좋게)

happy(행복한) happily(행복하게)

또한 le로 끝나는 형용사는 e를 빼고 그냥 y만 붙여라.

Possible(가능한) possibly(아마)

Probable(있을 것 같은 / 개연성 있는) probably(아마)

Gentle(젠틀한) gently(젠틀하게)

그리고 ic로 끝나는 형용사는 ally를 붙인다.

economic(경제의 / 경제적인) economically(경제적인)

tragic(비극적인) tragically(비극적으로)

basic(기초의) basically(기초적으로)

한편 형용사와 부사가 같은 것이 있다.

| | |
|---|---|
| right(맞은 / 옳은) | right(맞게 / 옳게) |
| wrong(틀린) | wrong(틀리게) |
| fast(빠른) | fast(빨리) |
| hard(어려운 / 힘든) | hard(어렵게 / 힘들게) |
| high(높은) | high(높이) |
| long(오랜 / 긴) | long(오래 / 길게) |
| late(늦은) | late(늦게) |
| A lot of(많은) | a lot(많이) |

마지막으로 형용사와 부사가 다른 녀석이 있다.

Good(좋은)        well(잘)

## 05-2 언제를 나타내는 표현 익히기

언제를 나타내는 표현은 어디를 나타내는 표현과 비슷한 부분이 많다.

### 하루 중 시간 나타내는 표현들

기본적으로 in은 조금 긴 시간 단위를 나타내고 at은 특정한 시간 단위를 나타내는 데 사용한다.

in the morning: 아침

in the afternoon: 오후

in the evening: 저녁

at 2 O'Clock | at 2:30 | at noon | at night

'this'는 '오늘'을 의미하고, 'last'는 '전날 / 작년 / 지난'을 의미한다.

this morning: 오늘 아침

this afternoon: 오늘 오후

this evening: 오늘 저녁

tonight: 오늘 밤

today: 오늘

yesterday: 어제

tomorrow: 내일

the day before yesterday: 그저께

the day after tomorrow: 모레

last night: 어젯밤

last summer: 작년 / 지난여름


## 1년 중 시간 나타내는 표현

in 2018: 2018년

• 읽을 때 twenty eighteen으로 두 개로 쪼개서 읽는다.

this year: 금년

last year: 작년

next year: 내년

in spring / summer / fall / winter: 봄 / 여름 / 가을 / 겨울

in January / February / March …: 1월에 / 2월에 / 3월에 …

on Monday / Tuesday / Wednesday …: 월요일에 / 화요일에 / 수요일에

on weekends: 주말에

on January 21st: 1월 21일에

• 우리나라에서는 몇 월 며칠이라고 말하지만, 영어는 몇 월 하고 몇 번째 일 이렇게 표현하기 때문에 1월 1일이면, January 1st(1월 1번째 날), 1월 2일이면 January 2nd(1월 2번째 날) 1월 15일이면 January 15th(1월 15번째 날)로 표현한다.

| | | | | | |
|---|---|---|---|---|---|
| 1st | first, 첫 번째 | 11th | eleventh | 21th | twenty first |
| 2nd | second | 12th | twelveth | 22th | twenty second |
| 3rd | third | 13th | thirteenth | 23th | twenty third |
| 4th | fourth | 14th | fourteenth | 24th | twenty fourth |
| 5th | fifth | 15th | fifteenth | 25th | twenty fifth |
| 6th | sixth | 16th | sixteenth | 26th | twenty sixth |
| 7th | seventh | 17th | seventeenth | 27th | twenty seventh |
| 8th | eighth | 18th | eighteenth | 28th | wenty eighth |
| 9th | nineth | 19th | nineteenth | 29th | twenty ninth |
| 10th | tenth | 20th | twentieth | 30th | thirtieth |
| | | | | 31th | thirty first |

| | |
|---|---|
| this week | 이번 주 |
| last week | 지난주 |
| next week | 다음 주 |

## 구체적으로 시간을 표현하기

for + 숫자 시간: ~동안을 뜻한다.

| | |
|---|---|
| for three days | 3일 동안 |
| for two hours | 2시간 동안 |
| for five years | 5년 동안 |

during + 기간: 이것 역시 '(기간)동안'을 뜻한다.

| | |
|---|---|
| during summer vacation | 여름방학 동안 |
| during this year | 금년 동안 |
| during this conference | 이 컨퍼런스 기간 동안 |

* for 다음에 숫자가 나왔다면, during은 숫자가 아닌 기간이 나온다.


through + 기간: 이것은 ~기간 내내를 의미한다.

| | |
|---|---|
| through winter | 겨울 내내 |
| through this year | 금년 내내 |


in + 초 / 분 / 시간: in의 특별한 사용으로, 몇 초 뒤, 몇 초 분, 몇 시간 뒤를 말할 때 쓴다.

| | |
|---|---|
| in three seconds | 3초 뒤 |
| in five minutes | 5분 뒤 |
| in an hour | 1시간 뒤 |

* in 외에 after를 써도 된다. after three seconds: 3초 후에


within + 초 / 분 / 시간: in과는 달리, '특정 시간 안으로'를 말한다.

| | |
|---|---|
| within an hour | 1시간 안으로 |
| within ten minutes | 10분 안으로 |
| within fifteen seconds | 15초 안으로 |
| within two days | 이틀 안으로 |


by + 마감일: by + 시간은 ~까지라는 '마감일'을 의미하는 by가 있다.

| | |
|---|---|
| by today | 오늘까지 |
| by tomorrow | 내일까지 |
| by 12 / 3(Dec. third) | 12월 3일까지 |

## 05-3 직접 말을 만들어보기

불규칙 과거시제 주동에 생각나는 대로 붙여 말해보자. 이번 장에서는 '주동 + 무엇 / 누구 / 어떠하다 / 어떻게 / 어디' 외에 또 언제를 추가해 본다.

### 예시 1) (나 였다. / 있었다.) : I was

여기 빈칸에 들어갈 말은 '누구 / 어때 / 어디 / 언제'가 당연히 올 수 있다.

I was happy                          난 행복했어(어떠하다).

I was so happy in US             난 미국에서 정말 행복했어(어떠하다 + 어디).

I was super-happy in US last year    난 작년 미국에서 정말 행복했어(어떠하다 + 어디 + 언제).

여기서 잠깐! '어떠하다'라는 말에서 '정말 어떠하다'라고 말을 하려면 앞에 'so' 또는 'super-'를 붙여 'so happy', 'super-happy'라고 하면 된다.

I was happy ▶ I was so happy ▶ I was super-happy

I was tired ▶ I was so tired / I was super-tired

### 예시 2) (그녀가 했다) : She did

She did homework            그녀가 숙제를 했다(무엇).

She did homework alone       그녀가 숙제를 혼자서 했다(무엇 + 어떻게).

그녀가 혼자 숙제를 언제 어디서 했을까?

She did homework alone at home yesterday     그녀가 어제 집에서 숙제를 혼자 했다.

재밌지 않은가? 그렇다면 직접 불규칙 과거시제 주동에 말 잇기를 연습
해보자.

## (그가 만들었다) : He made

| | |
|---|---|
| He made + 무엇 | 그가 무엇을 만들었다. |
| He made + 무엇 + 어떻게 | 그가 무엇을 어떻게 만들었다. |
| He made + 무엇 + 어떠하다 | 그가 무엇을 어떠하게 만들었다. |
| He made + 누구 + 어떠하다 | 그가 누구를 어떠하게 만들었다. |
| He made + 누구 + 어떠하다 + (어디 / 언제) | 그가 언제 어디서 누구를 어떠하게 만들었다. |

1.

2.

3.

4.

5.

## (그들이 먹었다) : They ate

| | |
|---|---|
| They ate + 무엇 | 그들이 무엇을 먹었다. |
| They ate + 무엇 + (어디 / 언제) | 그들이 언제 어디서 무엇을 먹었다. |
| They ate + 무엇 + 어떻게 + (어디 / 언제) | 그들이 언제 어디서 무엇을 어떻게 먹었다. |

1.

2.

3.

## (아이작이 줬다) : Isaac gave

| | |
|---|---|
| Isaac gave + 무엇 | 아이작이 무엇을 줬다. |
| Isaac gave + 누구 + 무엇 | 아이작이 누구에게 무엇을 줬다. |
| Isaac gave + 누구 + 무엇 + 어디 + 언제 | 언제 어디서 아이작이 누구에게 무엇을 줬다. |

1.

2.

3.


## (우리가 얻었다 / 됐다 / 되게 했다) : We got

| | |
|---|---|
| We got + 무엇 | 우리는 무엇을 얻었다. |
| We got + 누구 | 우리는 누구를 얻었다. |
| We got + 어떠하다 | 우리는 어떠하게 되었다. |
| We got + 무엇 / 누구 + 어떠하다 | 우리는 무엇 / 누구를 어떠하게 했다. |
| We got + 무엇 / 누구 + 어떠하다 + 어디 / 언제 | 우리는 언제 어디서 무엇 / 누구를 어떠하게 했다. |

1.

2.

3.

4.

5.

## (내가 갔다) : I went

| | |
|---|---|
| I went + 어디 | 나 어디 갔어. |
| I went + 어디 / 언제 + 어떻게 | 나 언제 어디 어떻게 갔어. |
| I went + 어떠하다 | 나 어떠하게 되어갔어. |

1.

2.

3.

### 가는 방법에 대한 표현들

| by train | 열차 타고 | by bicycle | 자전거 타고 |
|---|---|---|---|
| by car | 차 타고 | by 킥보드 | 킥보드 타고 |
| by plane | 비행기 타고 | on foot | 걸어서 |

## (그녀가 왔다) : She came

| | |
|---|---|
| She came + 어디 | 그녀가 어디에 왔다. |
| She came + (어디 / 언제) | 그녀가 언제 / 어디에 왔다. |
| She came + (어디 / 언제) + 어떻게 | 그녀가 언제 / 어디에 어떻게 왔다. |

1.

2.

3.

## (그들이 샀다 / 사줬다) : They bought

| | |
|---|---|
| They bought + 무엇 | 그들이 무엇을 샀다. |
| They bought + 누구 + 무엇 | 그들이 누구에게 무엇을 사줬다. |
| They bought + 무엇 + (어디 / 언제) | 그들이 언제 어디서 무엇을 샀다. |
| They bought + 무엇 + (어디 / 언제) + 어떻게 | 그들이 언제 어디서 무엇을 어떻게 샀다. |

1.

2.

3.

4.

### 쇼핑에 관한 표현들

| | | | |
|---|---|---|---|
| a bargain | 싼 물건 | online | 온라인에서 |
| in cash | 현금으로 | at Amazon | 아마존에서 |
| by card | 카드로 | at Interpark | 인터파크에서 |


## (너가 잡았다 / 탔다 / 데리고 갔다) You took

| | |
|---|---|
| You took + 무엇 | 네가 무엇을 잡았다. |
| You took + (무엇(탈 것)) + 어디 | 네가 무엇을 타고 어디에 갔다. |
| You took + (무엇 / 누구) + 어디 | 네가 무엇 / 누구를 어디로 데리고 갔다. / 이동시켰다. |
| You took + (무엇 / 누구) + (어디 / 언제) | 네가 언제 무엇 / 누구를 어디로 데리고 갔다. / 이동시켰다. |

• take의 기본 뜻은 '(손으로) 잡다'이다. 손이나 허리 등 눈에 보이는 것을 잡을 수도, 기회나 운과 같은 눈에 보이지 않는 것을 잡을 수도 있다. 택시나 버스를 잡을 수도 있는데, 이 경우에 'take'는 '무엇을 타다'라는 뜻을 가진다. 잡고 어디로 갈 수 있기 때문에 'take'는 '무엇 / 누구를 이동시킨다' 또는 '데리고 가다'는 뜻을 가지고 있다.

1.

2.

3.

4.

## (내가 놓았다): I put

I put + 무엇 + 어디                내가 무엇을 어디에 놓았다.

I put + 누구 + 어디                내가 누구를 어디에 놓았다. / 배치했다.

I put + (무엇 / 누구) + (어디 / 언제)    내가 무엇 / 누구를 언제 어디에 놓았다.

• put의 기본 뜻은 '놓다'이다. 벽에 놓든, 책상 위에 놓든, 천장 위에 붙여놓든, 벽 위에 놓든, 음식 위에 놓든, 바닥 위에 놓든, 상자 안에 놓든, 화장실에 놓든, 현관문에 놓든, 전선에 놓든, 헤드쿼 터에 놓든, 사장 자리에 놓든, '놓다' 하면 다 put이다.

1.

2.

3.

## (우리는 가졌다 / 보냈다): We had

We had + 무엇                     우리는 무엇을 가졌다. / 우리에겐 무엇이 있었다.

We had + (무엇(시간))              우리는 시간을 보냈다.

We had + 누구                     우리는 누구를 가졌다. / 우리에겐 누가 있었다.

We had + (무엇 / 누구) + (어디 / 언제)   우리는 무엇 / 누구를 언제 어디에서 가졌다.

• have의 기본 뜻은 무엇을 가지고 있는 것이다. 그 대상은 물건 / 취미('취미를 보내다'로 해석 가 능) / 시간('시간을 보내다'로 해석 가능) / 가족('가족이 있다'로 해석 가능) / 친구('친구가 있 다'로 해석 가능) / 싸움('싸움을 하다'로 해석 가능) 등 그 모든 것이 올 수 있다.

1.

2.

3.

4.

지금까지 10개의 불규칙 과거시제 주동으로 많은 표현을 만들고 연습했다. 이것들은 당신이 일상생활 속에서 영어를 사용하는 데 핵심이 되는 표현들이다. 당신의 머리와 입에 자연스러워질 때까지 끊임없이 연습하라.

불규칙 과거시제 주동으로부터 말 잇기 II

연습 많이 했는가? 내 생각에 추가 연습이 필요할 것 같다. 여기서 딱 10개만 더 연습해서 말 만들기가 누구나 자연스럽게 되는 것임을 깨닫고 자신감을 가지면 좋겠다.

## (그들이 이겼어 / 그들이 땄어): They won

• win은 '이기다 / 승리하다 / 우승하다'라는 뜻이 있고 이기면 수확물을 얻는 것처럼 '얻다 / 따다'라는 뜻이 있다.

| They won + 무엇: | 그들은 무엇을 / 무엇에서 이겼다. |
|---|---|

• 무엇: a game(게임), a match(경기), an election(선거), a war(전쟁), an argument(논쟁)

They won + 무엇 + 어떻게           그들은 무엇을 어떻게 이겼다.

They won + 무엇 + 어떻게 + against 누구    그들은 무엇을 어떻게 누구 상대로 이겼다.

They won + 무엇 + 어떻게
+ against 누구 + 언제          그들은 언제 무엇을 어떻게 누구 상대로 이겼다.

| 경기 / 게임과 관련된 어떻게 표현들 | | | |
|---|---|---|---|
| by four points | 4점 차로 | three (to) two (3 - 2) | 3대 2로 |
| first time | 첫 번째로 | twice | 두 번이나 |
| three times | 세 번째 | four times | 네 번째 |
| early | 일찍 | barely | 간신히 |

They won + 무엇:                           그들은 무엇을 땄어. / 얻었어.

• 무엇: a lottery(복권), a gold medal(금메달), $2,000(2천 달러), support(지지),
  a contract(계약)

They won + 무엇 + 어디 / 언제          그들은 언제 / 어디서 무엇을 땄어. / 얻었어.

1.
2.
3.
4.
5.

# (너희들은 만들었다): You guys made

You guys made + 무엇
너희들은 무엇을 만들었다.

You guys made + 무엇 + 어떻게
너희들은 무엇을 어떻게 만들었다.

You guys made + (무엇 / 누구) + 어떠하다
너희들은 무엇 / 누구를 어떠하게 만들었다.

You guys made + (무엇 / 누구) + 어떠하다 + (어디 / 언제)
너희들은 언제 / 어디서, 무엇 / 누구를 어떠하게 만들었다.

1.

2.

3.

4.

5.


## (내 친구가 가져왔다): My friend brought

**My friend brought** + (무엇 / 누구)
내 친구가 무엇 / 누구를 데리고 왔다.

**My friend brought** + (무엇 / 누구) + (어디 / 언제)
내 친구가 무엇 / 누구를 어디 / 언제 데리고 왔다.

* bring은 take와 반대로 '무엇 / 누구를 가지고 오다 / 데리고 오다'는 뜻을 가지고 있다.

1.

2.

3.

4.

5.


## (나는 했다): I did

| I did + 무엇 | 나는 무엇을 했다. |
| I did + 무엇 + for 누구 | 나는 무엇을 누구를 위해 했다. |
| I did + 무엇 + for 누구 + (어디 / 언제) | 나는 언제 어디서 무엇을 누구를 위해 했다. |

1.

2.

3.

4.

5.

## (우리는 찾았다 / 발견했다 / 알았다): We found

We found + (무엇 / 누구)
우리는 무엇 / 누구를 찾았다. / 발견했다.

We found + (무엇 / 누구) + (어때)
우리는 무엇 / 누구가 어떠한 것을 발견했다. / 알았다.

We found + (무엇 / 누구) + (어때) + (어디 / 언제)
우리는 언제 / 어디서 무엇 / 누구가 어떠한 것을 발견했다. / 알았다.

1.

2.

3.

4.

5.

## (그녀와 난 마셨다): She and I drank

She and I drank + 무엇                  그녀와 난 무엇을 마셨다.

She and I drank + 무엇 + 어디 / 언제      그녀와 난 언제 / 어디서 무엇을 마셨다.

1.

2.

3.
 

4.
 

5.
 


## (아마존 팔았다): Amazon sold

| | |
|---|---|
| Amazon sold + 무엇 | 아마존에서 무엇을 팔았다. |
| Amazon sold + 무엇 + 언제 | 아마존에서 언제 무엇을 팔았다. |
| Amazon sold + 무엇 + 언제 + 어떻게 | 아마존에서 언제 무엇을 어떻게 팔았다. |

1.
 

2.
 

3.
 

4.
 

5.
 


## (그는 운전했다): He drove

| | |
|---|---|
| He drove + 무엇 | 그가 무엇을 운전했다. |
| He drove + 누구 + 어떠하다 | 그가 누구를 어떠하게 만들었다. |
| He drove + 누구 + 어떠하다 + 어디 / 언제 | 그가 언제 어디서 누구를 어떻게 만들었다. |

• drive는 기본적으로 '탈것을 운전하는 것'을 의미한다. 또한 '강하게 누구를 드라이브하다'는 말이 있듯, '사람을 드라이브해서 어떤 상태가 되게 하다'라는 뜻이 있다.

1.
 

2.
 

3.

4.

5.

## (나는 읽었다): I read

| I read + 무엇 | 나는 무엇을 읽었다. |
| I read + 무엇 + 어디 + 언제 | 나는 언제 어디서 무엇을 읽었다. |

1.

2.

3.

4.

5.

## (우리는 지켰다 / 보관하다 / 유지했다): We kept

| We kept + 무엇 / 누구 | 우리는 무엇 / 누구를 지켰다. |
| We kept + 무엇 / 누구 + 어떠하다 | 우리는 무엇 / 누가 계속 어떠하게 했다. |

• keep은 기본적으로 '약속 / 말 / 규칙 등을 지키는 것'을 뜻하고 비슷한 뜻으로 '보관하다 / 유지하다'는 뜻을 가지고 있다. 또한 '어떤 상태가 계속하게 만들다'는 뜻을 가지고 있다.

1.

2.

3.

4.

5.

## 06-1 원서 속 과거시제들

다음은 내가 아마존에 'Question Intelligence(질문지능)'이라는 제목으로 출판한 책의 내용이다. 갑자기 난도가 높은 영어가 튀어나와 당황할 수 있겠다. 이렇게 하는 의도는 두 가지인데 첫째, 실제 영어 원서 속에서 과거시제 주동이 자주 사용되고 있음을 보여주기 위해서이고 둘째, 영어는 결국 '주동으로부터 말 잇기'이기 때문에 주동 연습이 얼마나 중요한지 다시 한 번 일깨우기 위해서이다.

2010년 9월 개최되었던 G20 서울 정상회의 폐막식에서 버락 오바마 미국 대통령이 폐막 연설을 했다. 훌륭한 개최국 역할을 감당한 한국에 감사를 표하며 오바마 대통령은 특별히 한국 기자들에게 질문할 기회를 주었다. 하지만 그 뒤에 흐른 것은 적막뿐이었다. 그 어떤 한국 기자도 이 중요한 기회에 미국 대통령에게 질문하지 않았다. 아니, 못했다. 결국 그 기회는 중국 기자가 차지했다.

During the closing ceremony of the September 2010 G20 Summit held in Seoul, President Barack Obama of the United States gave the closing speech. After expressing his gratitude to South Korea for being an excellent host nation, he presented to Korean journalists a special opportunity for questions. However, only awkward silence ensued after such an opportunity. Not a single Korean reporter seized this important opportunity and dared to ask the President of the United States any questions. Rather, it was that they did not know how to ask questions. As a result, a Chinese reporter instead got the chance to ask him questions.

지금까지 과거시제 주동 연습을 통해 공부한 것을 십분 활용해서 위의 문장들을 이해하고 또한 작문할 수 있다.

President Barack Obama of the United States gave the closing speech.
미국의 대통령 버락 오바마는 줬다(주동) + 마무리 스피치(무엇)

He presented to Korean journalists a special opportunity for questions.
그는 줬다(주동) + 한국 기자들에게(to 누구) + 질문을 위한 특별한 기회(무엇)

However, only awkward silence ensued after such an opportunity.
그러나 어색한 적막만 뒤따랐다(주동) + 그런 기회 이후(언제)

Not a single Korean reporter seized this important opportunity.
한 사람의 한국인 기자도 잡지 못했다(주동) + 이 중요한 기회(무엇)

• presented: 줬다 • ensued: 뒤따랐다 • seized: 잡았다

## 06-2 영어를 잘하게 만드는 작은 습관: 빠르게 영어 타이핑하기

앞서 빠르게 글씨 쓰는 연습을 하라고 조언했다. 이제는 빠르게 영어 타이핑하는 연습을 하자. 자판을 보지 않고도 글을 쓸 수 있을 만큼 연습해야 한다. 연습을 꾸준히 하면, 당신 또한 나처럼 생각함과 동시에 바로 영어로 옮겨 적을 수 있을 것이다. 내가 빨리 손글씨를 쓰거나 타이핑하라고 권하는 중요한 이유는, 글쓰기가 곧 생각하는 것과 같기 때문이다. 내가 여러 권의 책을 저술하면서 확신한 것은, 생각을 키우고 확장시키는 가장 효과적인 방법은 바로 글쓰기라는 사실이다.

영어 타이핑 연습을 열심히 해서 자판을 보지 않고 영어 문장을 빨리 쓸 수 있을 때, 당신은 제한된 시간에 더 많은 문장을 쓰고 더 많이 생각하고 고칠 수 있을 것이다. 이 과정에서 자연스럽게 당신의 영어지능이 향상된다. 나의 경우 처음 영어 타이핑 연습을 할 때, 영어 교과서나 영어 잡지 혹은 기사를 가지고 여러 번 따라 적는 연습을 했다. 이런 식으로 2, 3개월만 꾸준히 연습하면 엄청난 속도로 타이핑하는 당신의 모습을 볼 수 있을 것이다.

영어 타이핑을 얼마나 빠르게 해야 할까? 다른 거 없다. 당신이 한글 타이핑하는 속도로 타이핑 할 수 있을 때까지 연습해보라.

# 미래시제 주동으로부터 말 잇기

이제 과거의 주동과 현재의 주동을 이야기할 수 있다. 이번에는 미래시제 주동을 배워 과거와 현재와 미래를 모두 이야기해보자. 이를 통해 영어로 당신의 생각을 표현하는 자유도가 한층 더 업그레이드될 것이다.

미래시제는 정말로 쉽다. 조동사 'will'을 이용하면 된다.

| | |
|---|---|
| I live(나 살아) | I will live(나 살 거야) |
| You do(너는 한다) | You will do(너는 할 거야) |
| She eats(그녀는 먹는다) | She will eat(그녀는 먹을 거야) |
| They play(그들은 논다) | They will play(그들은 놀 겁니다) |
| We make(우리는 만든다) | We will make(우리는 만들겠습니다) |

이렇게 현재시제 주동에 조동사 will만 활용하면 쉽게 미래시제를 만들 수 있다.

• '나 / 너'가 아닌 단수 명사가 주어일 때도 'will' 다음 동사에는 '-s'를 붙이지 않는다.

이제 미래시제 주동을 가지고 말을 만들어보자. 그동안 주동을 하나의 단위로 연습했듯, '주어 + 조동사(will) + 동사', 즉 '주조동' 또한 하나의 단위로 인식하고 꾸준히 연습해야 한다. 입에서 아주 자연스럽게 나올 때까지 말이다.

## (나 살 거야): I will live

| | |
|---|---|
| I will live + 어디 | I will live in Seoul(나 서울에 살 거야). |
| I will live + 어디 + 언제 | I will live in Seoul within five years(나 5년 안에 서울에 살 거야). |
| I will live + 어떻게 | I will live well(나 잘 살 거야). |
| I will live + 어떻게 + 언제 | I will live with lots of money in the future(나 미래에 많은 돈을 가지고 살 거야). |

● will: 잘 ● lots of: 많은 ~

## (그는 만들 거야): He will make

| | |
|---|---|
| He will make + 무엇 | He will make lots of money(그는 돈을 많이 벌 거야). |
| He will make + 무엇 + 어떠하다 | He will make our company rich(그는 우리 회사를 부자로 만들 거야). |
| Hi will make + 누구 + 어떠하다 | He will make her happy(그는 그녀를 행복하게 만들 거야). |

● make money: 돈 벌다

## (우리는 갈 거다): We will go

| | |
|---|---|
| We will go + 어디 | We will go to the church(우리는 교회에 갈 거다). |
| We will go + 어디 + 언제 | We will go to the church on Sunday(우리는 일요일 교회에 갈 거다). |
| We will go + 어디 + 언제 + with 누구 | We will go to the church on Sunday with her(우리는 그녀와 함께 일요일 교회에 갈 거다). |

'주어 + will + 동사'을 하나의 주동으로 인식하라고 말했다. 이를 쉽게 도울 방법이 있는데 그것은 will[윌]을 'll[일]로 축약해서 말하는 것이다. 예를 들어 다음과 같다.

I will go[아이윌고] → I'll go[아일고](나는 갈 거야).

He will make[히윌메이크] → He'll make[히일메이크](그는 만들 거야).

[주어'll 동사]로 발음하고 사용하면 더 하나의 묶음으로 인식하게 된다. 발음 또한 더 편해지고 빨라진다.

## (그들은 최선을 다할 거야): They'll do their best

| | |
|---|---|
| They'll do their best + 어디 | They'll do their best in the match(그들은 경기에서 최선을 다할 거야). |
| They'll do their best + 어디 + 언제 | They'll do their best in the match tomorrow(그들은 내일 경기에서 최선을 다할 거야). |

● do one's (my / your / his / her / their / our) best: 최선을 다하다.

## 07-1 '주어 + am / is / are going to + 동사'로 미래 표현하기

미래를 표현하는 방법은 will / 'll 말고도 더 많이 쓰는 방법이 있다. am / is / are going to를 활용하는 것이다.

will 대신에 am / is / are going to를 사용하면 된다.

| | |
|---|---|
| I will do | ▸ I am going to do |
| You will do | ▸ You are going to do |
| He will do | ▸ He is going to do |
| She will do | ▸ She is going to do |
| It will do | ▸ It is going to do |
| They will do | ▸ they are going to do |
| We will do | ▸ we are going to do |

방금 전 will을 축약해서 'll로 사용할 때 더 쉽게 [주어'll 동사]를 한 단위로 읽어낼 수 있다고 했다. am / is / are going to 또한 마찬가지다. 일상구어체에서 늘 사용하는 표현, 'm gonna / 's gonna / 're gonna이다. 이 표현을 이용해서 정말로 빠르게 읽어낼 수 있다.

| | |
|---|---|
| I'll do[아일두] | ▸ I'm gonna do[아임거너두] |
| You'll do[유울두] | ▸ You're gonna do[유어r거너두] |
| She'll do[쉬일두] | ▸ She's gonna do[쉬z거너두] |

• am → 'm / are → 're / is → 's로 축약된다.

### (난 갈 거다): I'm gonna go

I'm gonna go + 어디
I'm gonna go to the market(나 시장 갈 거다).

I'm gonna go + 어디 + 언제
I'm gonna go to the market this evening (오늘 저녁 나 시장 갈 거다).

I'm gonna go + 어디 + 언제 + with 누구
I'm gonna go to the market this evening with my girlfriend
(나 오늘 저녁 여자 친구랑 시장에 갈 거야).


### (그녀는 볼 거야): She's gonna watch

She's gonna watch + 무엇
She's gonna watch a movie(그녀는 영화 볼 거야).

She's gonna watch + 무엇 + 어디
She's gonna watch a movie in CGV(그녀는 CGV에서 영화 볼 거야).

She's gonna watch + 무엇 + 어디 + 언제
She's gonna watch a movie in CGV tonight(그녀는 오늘 밤 CGV에서 영화 볼 거야).

She's gonna watch + 무엇 + 어디 + 언제 + with 누구
She's gonna watch a movie in CGV tonight with her friends
(그녀는 오늘 밤 친구들과 CGV에서 영화 볼 거야).


### (넌 성공할 거야): You're gonna succeed

You're gonna succeed + 어디
You're gonna succeed in US(너는 미국에서 성공할 거야).

You're gonna succeed + 어디 + 언제
You're gonna succeed in US soon(너는 곧 미국에서 뜰 거야).

* soon : 곧

72

## 07-2 영어의 어순에 대해서

여기까지 열심히 말하고 글 쓰며 노력한 당신을 정말 칭찬해주고 싶다. 이쯤 되면 영어의 말이 늘어가는 순서가 상당히 자연스럽게 느껴질 것이다. 주동 또는 주조동을 말한 뒤 궁금한 것들 / 머릿속에 떠오르는 것들을 다음과 같이 자연스럽게 배치하면 되는 것이다.

주동 / 주조동 + 무엇 / 누구 / 어떠하다 / 어떻게 / 얼마나 / 어디 / 언제 / 왜

이 중에서 당신이 생각하는 대로 선택해서 말을 이어나가면 된다. 영어에서는 보통 '무엇' / '누구' 다음에 '어디' 그리고 '언제'가 온다. 하지만 영어가 아직 익숙하지 않다면 순서를 무시해도 좋다. 일단은 자연스럽게 당신의 머릿속에서 순서에 상관없이 생각나는 대로 말을 붙여나가라. 원어민들에게 익숙한 순서들은 당신이 영어 공부를 하면 할수록 자연스럽게 몸에 배는 것이므로 순서가 좀 이상하다고 두려워할 필요는 전혀 없다. 시간이 해결해준다.

영어 또한 언어일 뿐이다. 너무 어순에 주눅 든 나머지 문법 틀을 외우겠다고 당신의 머리를 복잡하게 만들지 말라. 주어에서 가까운 순서에서 멀어지는 순서로 영어 어순이 되어 있다는 식, 한국어 어순과 반대로 하면 영어 어순이 된다는 식으로 어떤 문법 혹은 공식을 외우려고 하면 영어가 더 복잡해진다. 이런 식으로 하는 것은 정말 의미 없다. 이것은 마치 음악교육을 받지 못한 흑인 재즈 피아니스트가 재즈를 몸이 느끼는 대로 피아노 치고 있을 때, 옆에서 화성학 이론을 들먹이며 그를 괴롭히는 것과 같다.

영어는 그냥 언어이고 당신의 생각을 전하는 도구일 뿐이다. 항상 그 기준은 당신의 생각이어야 한다. 생각나면 말을 하는 것이 언어다. 영어가 모국어가 아니기에 처음 당신의 생각을 말하는 게 좀 어색할 수 있다. 그

73

런데 계속 영어를 말하고 사용하다 보면 점점 원어민에 가까워진다. 왜냐? 영어는 언어니까!

We're gonna run + (무엇) a food truck + (어디서) at the central park
+ (언제?) every night + (얼마나) for three hours + (어떻게) with just 1,000만 원

우리는 달랑 1,000만 원 가지고 매일 밤 세 시간 동안 센트럴파크에서 푸드트럭을 경영할 거야.

생각의 순서 : 우린 경영할 거야 ▶ 푸드트럭 ▶ 센트럴파크에서 ▶ 매일 밤 세 시간 ▶ 1,000만 원 가지고

I'm gonna run + (무엇) 10km + (언제) everyday + (어디서) in 한강공원
+ (누구랑) with my puppy : 난 내 강아지랑 매일 한강공원에서 10km를 달릴 거야.

생각의 순서 : 난 달릴 거야 ▶ 10km를 ▶ 매일 ▶ 한강공원에서 ▶ 내 강아지랑

● run : 달리다 외에 식당, 회사, 사업 등을 '경영하다'는 뜻이 있다.

## 07-3 얼마나 / 수량을 나타내는 표현들

| | |
|---|---|
| very much | 매우 많이 |
| a lot | 많이 |
| little | 조금 |
| often | 종종 |
| sometimes | 때때로 |
| enough | 충분히 |
| for 시간 | 시간 동안 |

## 07-4 왜를 나타내는 표현들

thanks to 무엇 / 누구      ~ 덕분에

because of 무엇 / 누구    ~ 때문에

due to 무엇           ~ 때문에


I'll do it thanks to God.

신 덕분에 나는 그것을 할 거야.

You'll succeed because of your confidence.

넌 자신감 때문에 성공할 거야.

We're gonna get late about 30minutes due to traffic jam.

우리 교통 체증 때문에 대충 30분 늦을 거야.

● confidence: 자신감

● about: 대략 / 대충(=roughly)

● 30minutes: 30분

● traffic jam: 교통 체증

75

# 과거시제 – 현재시제 – 미래시제
# 스토리 만들어보기

이번 장에서는 좀 쉬어가는 타임을 가져보자. 지금까지 배운 과거시제 / 현재시제 / 미래시제 주동을 가지고 스토리를 만들어보는 거다.

오랜만에 친구를 만났을 때, 어떤 이야기를 주고받는가? 보통 만나지 않았던 동안 무슨 일을 했는지 묻고 답한다. 또 요즘에 어떤 일을 하는지, 앞으로 무엇을 할 건지를 이야기한다. 이렇게 과거, 현재, 미래로 연결되는 이야기는 지금까지 열심히 연습한 과거시제 주동, 현재시제 주동, 미래시제 주동을 활용해서 말을 만들 수 있다. 다음과 같이 본격적으로 연습해보자.

과거시제 주동 _____ and 현재시제 주동 _____ and 미래시제 주동 _____ (과거에는 뭐 했고, 지금은 뭐 하고, 앞으로는 뭐 할 거야).

우리 살았어. / 우리 살아. / 우리 살 거야.

We lived _____ and we live _____ . We'll live _____ .

We lived in 앤아버 three years ago and we live in 동탄 now. We'll live in Seoul next year.

나는 3년 전 앤아버에 살았지. 그리고 지금은 동탄 살고 내년에 서울에 살 거야.

• 문장과 문장을 이어주는 역할을 and가 한다. 한 문장 말하고 '그리고'로 연결할 때 and를 사용하자.

나는 이었습니다. / 나는 입니다. / 나는 할 겁니다.

I was _____ but I'm _____. I'm gonna do _____.

I was really sad at the school yesterday but I'm good now. I'll eat some very nice food this evening.

난 어제 학교서 무척 슬펐지. 하지만 지금은 좋아. 난 오늘 저녁은 좀 아주 맛있는 음식 먹을 거야.

• but도 문장과 문장을 이어주는 역할을 한다. 한 문장 말하고 '그러나 / 그런데'로 반대되는 내용 이 연결될 때 'but'을 사용하자.

그녀는 했습니다. / 그녀는 만들어요. / 그녀는 될 거예요.

She did _____ and she make _____. She'll become _____.

She did her best at every moment last year and she make a really good performance now. She'll become the best in our team in the near-future.

그녀는 작년 매 순간 최선을 다했고 지금은 정말로 대단한 성과를 만들고 있습니다. 그녀는 가까운 미래에 우리 팀 최고가 될 겁니다.

• at every moment: 매 순간 • performance: 성과 • in the near-future: 가까운 미래

## 08-1 부정문에 대해서

아이작의 원 포인트 코칭

이쯤 되면 '나 했다'를 '나 하지 않았다'로 말하고 싶을 것이다. I'll do(나 할 거야)와 같이 '주조동(주어 + 조동사 + 동사)'이 있을 때, 조동사 뒤에 not만 붙이면 된다. 정말로 간단하다.

| I'll make | ‣ I'll not make |
|---|---|
| She'll play | ‣ She'll not play |
| You'll do | ‣ You'll not do |

그럼 현재시제 조동은 어떨까? 일반동사의 조동사인 do를 'will'처럼 쓰면 된다. 부정문일 때의 현재시제 조동은 다음과 같다.

### 주어 + do not + 동사

그런데 보통은 주동 / 주조동을 한 단위로 빠르게 이야기하기 때문에 거의 항상 주어 + don't + 동사로 축약한다.

| I cook | ‣ I do not cook | = I don't cook |
|---|---|---|
| I know | ‣ I do not know | = I don't know |
| They work | ‣ They do not work | = They don't work |

만약 am / is / are 등과 같은 be동사를 쓴다면 be동사 자체가 조동사 역할을 하므로 am not / is not / are not처럼 be동사 뒤에 not만 붙이면 된다.

| I'm | ‣ I'm not | |
|---|---|---|
| You're | ‣ You're not | |
| You are | ‣ You are not | = You aren't˙ |
| They're | ‣ They're not | |
| They are | ‣ They are not | = They aren't˙ |
| She's | ‣ She's not | |
| She is | ‣ She is not | = She isn't˙ |

˙ 're not = aren't, 's not = isn't 이다. 자신에게 편한 것을 골라서 말하자.

그러면 과거시제 주동의 경우에는 어떨까? 이럴 때는 일반동사의 조동사인 do의 과거형 did를 활용하면 된다. 과거시제 주동은 '주어 + did not + (기본형) 동사'가 된다. 이미 조동사 did로 과거를 표시했기 때문에 동사는 기본형으로 한다. 마찬가지로 부정문 과거시제 주동을 한 묶음으로 빨리 말하기 위해서 '주어 + didn't + 기본형 동사'처럼 축약해서 말한다.

| | | |
|---|---|---|
| I did | ▸ I did not do | = I didn't do |
| I made | ▸ I did not make | = I didn't make |
| You spoke | ▸ You did not speak | = You didn't speak |
| They ran | ▸ they didn't run | |
| She danced | ▸ she didn't dance | |
| We bought | ▸ We didn't buy | |

## 08-2 나만의 이야기 만들어보기

아이작의 원 포인트 코칭

지금까지 배웠고 연습했던 모든 주동을 다 확인해서 과거시제, 현재시제, 미래시제로 구성된 당신의 이야기를 다섯 가지 만들어보자.

1.

**2.**

**3.**

**4.**

**5.**

**과거인 듯하지만 애매한 과거일 때,
현재완료 주동**

당신이 오랜만에 만난 친구들과 이야기할 때, 딱 과거 시점 '언제'를 분명하게 말하지 않고, "뭐, 뭐 했었지", "뭐, 뭐 해봤지", "뭐, 뭐 해왔어"라고 말할 때가 많다. 거듭 말하는데, 영어도 언어다! 이렇게 과거 시점, 예컨대 '어제', '며칠 전', '일주일 전', '일 년 전', '일곱 살 때' 등등으로 분명히 말하지 않는 이유는 여러 가지일 수 있다. 첫째, 하긴 했는데 시점에 관계없이 그냥 말할 때, 그 시점이 정확히 기억나지 않을 때. 둘째, 과거 시점을 꼭 말하고 싶지 않거나 굳이 말하지 않아도 별문제 없을 때. 이럴 경우에 쓰는 게 '현재완료 시제'다.

'이미 과거시제 주동이 있는데 또 현재완료 주동을 사용한다고? 이것 참 헷갈리는데?'

이런 생각이 드는가? 나도 그랬다.

이제 쉽게 구별해보자. 당신이 말을 할 때, 분명한 과거 시점이 생각난다면 또는 과거 시점을 말하고자 한다면 과거시제 주동을 사용하라. 하지만 그렇지 않다면 현재완료 주동을 사용하면 된다. 실제 예를 들어보자.

I finished this work two days ago.
나는 이 일을 이틀 전에 끝냈다.

▸ 이틀 전이라는 과거 시점이 분명하므로 과거시제 주동 'I finished'를 쓰는 것이 맞다.

I have finished this work.
나는 이 일을 끝냈다.

▸ 과거 시점이 분명하지 않다. 일주일 전에 끝냈을 수 있고, 어제 끝냈을 수 있고, 한 시간 전에 끝냈을 수 있다. 이렇게 불분명할 때는 현재완료시제 주동 'I have finished'를 사용한다.

I did my homework at the library yesterday.
나는 어제 도서관에서 숙제했다.

▸ 어제라는 과거시점이 분명하므로 과거시제 주동 'I did'가 사용되었다.

I've done my homework at the library for two hours.
나는 두 시간 동안 도서관에서 숙제했다.

▸ 숙제했다는 행위가 두 시간 전의 것일 수도 있고, 한 시간 전의 일일 수도 있고, 바로 직전의 일이었을 수도 있다. 한 시간 반 동안 딴짓하다가 마지막 30분만 숙제에 집중했을 수도 있다. 딱 특정한 과거 시점이 아닌 두 시간 동안 계속 숙제를 했으므로 이럴 경우 현재완료 주동 've done을 사용한다.

• 현재완료시제를 나타내는 조동사 have는 've로 축약해서 쓸 수 있다.

I played golf last summer.
나는 지난여름에 골프를 쳤어.

▸ 지난여름이라는 분명한 시점이 있다. 그래서 과거시제 주동 'I played'를 썼다.

I've played golf since 7 years old.
나는 7세 때부터 골프를 했어.

▸ 7세 때부터 지금까지 쭉 골프를 했다. 8세 때도 했을 수 있고, 9세 때부터 한동안 안 하다 18세 때 다시 골프채를 잡았을 수 있다. 즉, 그 시점이 불분명하다. 이처럼 과거 어떤 기간 동안 쭉 했을 때, 현재완료 주동을 사용한다.

Lionel Messi played soccer against Real Madrid last week.

리오넬 메시가 지난주에 레알마드리드와 축구를 했다.

▸ 지난주라는 분명한 과거 시점이 있으니 과거시제 주동 'Lionel Messi played'를 사용했다.

Lionel Messi has played soccer against Real Madrid many times.

리오넬 메시는 레알 마드리드를 상대로 축구를 많이 했다.

▸ 주어가 축구를 많이 한 시점이 지난주일 수 있고, 작년일 수도 있고, 3년 전일 수도 있고, 데뷔한 해일 수도 있다. 불분명하므로 현재완료 주동 'Lionel Messi has played'를 사용했다.


어떤가? 감이 좀 오는가? 영어로 말할 때 그 기준은 당신의 생각이다. 당신이 과거에 대한 말을 할 때, 시점이 분명하다고 생각하면 과거시제 주동을 쓰고, 분명하지 않다고 생각하면 현재완료시제 주동을 사용하면 된다. 그 기준은 바로 당신이다. 이처럼 자연스럽게 분별하면 되는 것이다. 수많은 경우로 나누어 어려운 문법을 외워야 하는 것처럼 현재완료시제를 다루지 마라. 이에 대해 한 가지 예를 소개한다.


| I just did it | 나 방금 그것을 했어. |
| I've just did it | 나 방금 그것을 했어. |

• just: 방금


둘 다 같은 의미다. 다를 것이 없다. I just did it을 말한 사람은 just(방금)를 과거의 특정한 시점으로 생각하고 말하는 것이고 I've just did it을 말한 사람은 just(방금)를 분명하지 않은 과거에 대한 것으로 생각한 것이다. 저마다 생각하는 기준에 따라서 말이 달라지는 것이다. 의미는 같다.

현재완료시제 동사를 만들기 위해서는 'have / has' 조동사에 과거분사라는 새로운 모양의 동사를 붙여 사용한다. 먼저 언제 have 조동사를 쓰고, 언제 has 조동사를 쓰는지 알아보자.

I have worked / She has finished / We have done / He has played / They have run / It has gone

예시에서 볼 수 있듯, I와 You를 제외한 단수에 대해서 has를 사용한다.
이제 have / has 뒤에 붙는 과거분사에 대해서 알아보자. '-ed'로 끝나는 일반동사의 과거분사는 단순 과거형과 같다. 하지만 불규칙 동사의 과거분사는 불규칙 과거형과 다르다. 너무 복잡하다고? 걱정은 넣어두라. 불규칙 과거형 동사들이 일상에서 자주 사용하는 것이라 꾸준히 연습하면 자동으로 입에 붙듯이, 불규칙 과거분사 동사들도 마찬가지다. 연습과 시간이 해결해줄 것이다.

## 09-1 현재형 – 과거형 – 과거분사 동사 변화 및 주동 연습하기

다시 한 번 강조한다. 아래 수많은 동사를 읽을 때, 주어 + 동사, 곧 주동을 하나의 단위로 읽는 습관을 들여야 한다. 비록 동사들만 나열했지만, 주어를 잡고 읽기를 바란다.

| 현재형 | 과거형 | 과거분사 |
|--------|--------|----------|
| am | was | been |
| become | became | become |
| run | ran | run |

85

주어를 하나 잡고 '현재시제 – 과거시제 – 현재완료시제'를 완성해보라.

| 현재시제 | 과거시제 | 현재완료시제 |
|---|---|---|
| I am | I was | I have been |
| I become | I became | I have become |
| I run | I ran | I have run |

하나의 주어로 '현재시제 – 과거시제 – 현재완료시제'를 한 바퀴 연습한 후 다른 주어를 잡아 다시 연습해보자.

| 현재시제 | 과거시제 | 현재완료시제 |
|---|---|---|
| She is | She was | She has been |
| She becomes | She became | She has become |
| She run | She ran | She has run |

…

| They are | They were | They have been |
| They become | They became | They have become |
| They run | They ran | They have run |

| 현재형 | 과거형 | 과거분사 | 현재형 | 과거형 | 과거분사 |
|---|---|---|---|---|---|
| am | was | been | say | said | said |
| is | was | been | want | wanted | wanted |
| are | were | been | need | needed | needed |
| become | became | become | wish | wished | wished |
| live | lived | lived | like | liked | liked |
| go | went | gone | love | loved | loved |
| come | came | come | walk | walked | walked |
| do | did | done | run | ran | run |

| 현재형 | 과거형 | 과거분사 | 현재형 | 과거형 | 과거분사 |
|--------|--------|----------|--------|--------|----------|
| make | made | made | wait | waited | waited |
| give | gave | given | leave | left | left |
| take | took | taken | stay | stayed | stayed |
| get | got | got | think | thought | thought |
| win | won | won | feel | felt | felt |
| put | put | put | know | knew | known |
| have | had | had | believe | believed | believed |
| see | saw | seen | find | found | found |
| look | looked | looked | lose | lost | lost |
| seem | seemed | seemed | bring | brought | brought |
| watch | watched | watched | call | called | called |
| show | showed | showed / shown | forget | forgot | forgotten |
| read | read | read | remember | remembered | remembered |
| write | wrote | written | stand | stood | stood |
| send | sent | sent | sit | sat | sat |
| use | used | used | pull | pulled | pulled |
| hear | heard | heard | push | pushed | pushed |
| listen | listened | listened | turn | turned | turned |
| speak | spoke | spoken | change | changed | changed |
| talk | talked | talked | check | checked | checked |
| work | worked | worked | pay | paid | paid |
| help | helped | helped | eat | ate | eaten |
| try | tried | tried | drink | drank | drunk |
| let | let | let | mean | meant | meant |
| keep | kept | kept | follow | followed | followed |
| start | started | started | buy | bought | bought |
| stop | stopped | stopped | sell | sold | sold |
| search | searched | searched | | | |

## 09-2 우리말을 과거시제 또는 현재완료시제 주동으로 표현하기

이번에는 새로운 미션을 수행해보자. 우리말로 주동을 툭 던지면 이에 대해서 과거시제 주동, 현재완료시제 주동을 활용해서 각각 두 가지 문장을 완성해보라.

**그들은 달렸다.**

**그는 되었다.**

**그녀는 읽었다.**

**우리는 만들었다.**

**그와 그녀는 머물렀다.**

**나는 따랐다.**

**너는 마셨다.**

**나는 사용했다.**

**우리는 잃어버렸다.**

**그들은 지켰다.**

## 09-3 현재완료 주동을 한 단위로 더 와닿게 하는 법

'주어 will 동사'를 '주어'll 동사'로 축약했을 때 그리고 '주어 be going to 동사'를 '주어 be gonna 동사'로 축약했을 때, 더 한 단위로 와닿게 느껴지고 쉽게 발음을 한 것처럼, 현재완료 주동 또한 축약을 통해 더 한 단위로 느껴질 수 있다.

Have는 've로 축약된다. Has는 's로 축약된다. 've와 's를 원어민들은 구어체에서 늘 사용하는데, 잘 들리지 않을 정도로 빨리 말한다.

I have been happy these days.

I've been happy these days.     나 요즘 행복했어.

● these days: 요즘

I have talked for three hours.

I've talked for three hours.     나 세 시간 동안 말했어.

She has become a doctor at last.

She's become a doctor at last.     결국 그녀는 의사가 되었어.

● at last: 결국(=finally)

He has taken 'the One ring' there.

He's taken 'the One ring' there.     그는 '절대반지'를 거기로 가져갔다.

● the One ring: 절대반지

90

They have not come to the party yet.

they've not come to the party yet.          그들은 아직 파티에 오지 않았다.

*yet: 아직


It has not made a great problem.

It's not made a great problem.              그것은 큰 문제를 만들지 않았다.

# 10 | '~하고 있다 / ~하고 있었다' 진행에 대한 모든 것

나: 여보세요, 친구야 뭐 하고 있니?

친구: 나 집에서 그냥 빈둥거리고 있는데…….

나: 아홉 시 치맥 콜?

친구: 콜!

나: 엄마, 왜 집에 안 오는 거야?

엄마: 치킨 주문 기다리고 있지. 사람 많아서 오래 걸린다.

이처럼 우리는 일상에서 '무엇을 하고 있다'는 진행시제를 무척 많이 사용한다. 이번 장에서는 어떻게 진행시제를 표현하는지에 대해 알아보자.

## 현재진행시제 주동

현재진행시제 주동은 지금 / 현재 시점에서 누가 무엇을 하고 있다는 것을 말해준다. 현재진행시제 주동은 '주어 + be(am, are, is) + 동사 ing'로 표현하면 된다. 몇 가지 예를 들어보자.

### 주어 + be doing

I am doing my homework at the 학원 now.
나 지금 학원에서 숙제하고 있어.

You are doing it so fine. So, calm down.
너 그것 정말 잘하고 있어. 그러니까 침착해.

He is doing the dishes at the kitchin now.
그는 지금 부엌에서 설거지하고 있어.

● fine: '좋은 / 건강한'의 '어떠하다'를 나타내는 형용사로도 쓰이고, 여기에서처럼
'잘 / 괜찮게'라는 '어떻게'를 나타내는 부사로도 쓰인다.
● do the dishes: 설거지하다

### 주어 + be giving

I am giving my friend this awesome gift.
나는 내 친구에게 이 굉장한 선물을 주고 있다.

I am giving this awesome gift to my friend.

● '주어 giving + 누구 + 무엇'과 같이 '주어 giving' 다음에는 '누구 – 무엇의 순서'가 오고 '주어가
누구에게 무엇을 주다'는 뜻이 된다. 하지만 '주어 give' 다음에 '무엇 – 누구'의 순서가 되면,
'주어 give + 무엇 + to 누구'처럼 to가 필요하다.

### 주어 + be making

It's making a big problem now.
그것은 지금 큰 문제를 만들고 있지.

You're making her happy.
너는 그녀를 행복하게 해주고 있어.

He's making a good food.
그는 맛좋은 음식을 만들고 있다.

They're making a lot of money.
그들은 큰돈을 벌고 있어.

## 주어 + be waiting

She's waiting for him in front of his house now.
그녀는 지금 그의 집 앞에서 기다리고 있다.

I'm waiting for a great change.
나는 굉장한 기회를 기다리고 있어.

They're waiting for the next challenge.
그들은 다음 도전을 기다리고 있다.

● wait for: 기다리다

## 주어 + be drinking

He's drinking a beer at the pub.
그는 펍에서 맥주를 마시고 있다.

I'm drinking 소주 at the 삼겹살 restaurant with my team.
나는 내 팀 사람들과 삼겹살집에서 소주 마시고 있어.

You're drinking a really bitter 양주 now.
넌 지금 정말 독한 양주를 마시고 있어.


# 과거진행시제 주동

　과거시제에는 특정한 과거 시점이 언급된다. 과거진행시제에도 마찬가지다. 어떤 주어가 어떤 행동을 하고 있었던 과거 시점이 언급된다. 과거진행 주동은 다음과 같이 표현하면 된다.


I was 동사 - ing

You were 동사 - ing

She was 동사 - ing

He was 동사 - ing

It was 동사 - ing

They were 동사 - ing

We were 동사 - ing

## 주어 was / were driving

We were driving a Mercedes-Benz S class at that time.
그때 우리는 메르세데스-벤츠 S클래스 운전하고 있었어.

I was driving on 경부 highway one hour ago.
나는 한 시간 전, 경부고속도로에서 운전하고 있었어요.

She was driving to downtown when you called.
네가 전화할 때 그녀는 시내로 운전하고 있었어.

• when you called : 네가 전화할 때

나중에 when you called처럼 접속사로 말을 이어나가는 훈련을 할 것이다. 걱정하지 마라.

## 주어 + was / were watching

We were watching the match at three o'clock.
우리는 3시 정각 경기를 관람하고 있었다.

I was watching a movie at home at nine thirty.
나는 9시 30분에 영화 한 편을 보고 있었어.

## 주어 + was / were standing

I was standing in rain at the moment.
나는 그 순간 비 맞고 (빗속에) 서 있었다.

He was standing firm at the beginning of the show.
그는 쇼가 시작할 때 굳건히 서 있었다.

# 현재완료진행시제 주동

과거진행시제에는 특정 과거 시점이 있다. 하지만 특정 과거 시점을 언급할 필요가 없을 때가 있다. 다시 말해, 특정 과거 시점이 아닌 어떤 기간에 걸쳐 쭉 뭔가를 했거나 어떤 상태가 쭉 이어져올 때가 있다. 이때 사용하는 것이 바로, 현재완료진행시제 주동이다.

현재완료진행시제 주동은 (주어 + has / have been 동사-ing)를 통해 표현하면 된다.

## 주어 + 's / 've been doing

I've been doing this work for a long time.
난 이 일을 참 오랫동안 해오고 있었어.

She's been doing her homework since three o'clock.
그녀는 세 시부터 쭉 숙제하고 있었어.

They've been doing a great job at the most important match.
그들은 가장 중요한 경기에서 잘해오고 있다.

● do a good / great job: 잘하다

## 주어 + 's / 've been talking

We've been talking and talking for almost two hours.
우린 거의 두 시간 동안 이야기하고 있었다.

She's been talking on the phone.
그녀는 전화상으로 이야기하고 있었어.

## 10-1 '주어 + Be 동사-ing'를 현재진행형과 과거진행형으로 연습하기

아이작의 원 포인트 코칭

### 주어 + be making

현재:

과거:

**주어 + be doing**

현재:

과거:

**주어 + be cooking**

현재:

과거:

**주어 + be having a good time**

현재:

과거:

**주어 + be buying**

현재:

과거:

**주어 + be playing**

현재:

과거:

**주어 + be running**

현재:

과거:

**주어 + be giving**

현재:

과거:

**주어 + be taking**

현재:

과거:

**주어 + be winning**

현재:

과거:

## 10-2 '하고 있었다'를 과거진행 주동과 현재완료 주동으로 연습하기

이번에는 '하고 있었다'를 과거진행 주동과 현재완료 주동으로 나누어 연습해보자. 과거진행과 현재완료 주동의 차이는 특정 과거 시점 유무이다.

**be going**

과거:

현재완료:

**be getting**

과거:

현재완료:

**be putting**

과거:

현재완료:

**be reading**

과거:

현재완료:

**be showing**

과거:

현재완료:

**be writing**

과거:

현재완료:


**be coming**

과거:

현재완료:


**be listening to**

과거:

현재완료:


**be hearing**

과거:

현재완료:


**be checking**

과거:

현재완료:

# 동사에 감칠맛을 내주는 조동사 활용하기

'하다'라는 서술어를 가지고 다음과 같이 다양하게 표현할 수 있다.

나는 그것을 하다.

나는 그것을 할 수 있다.

나는 그것을 할 수 있을 것이다.

나는 그것을 할 수 있었다.

나는 그것을 할 수 있었는데.

나는 그것을 할 것이다.

나는 그것을 했을 것이다.

나는 그것을 할지도 모른다.

나는 그것을 해야 한다.

나는 그것을 하는 게 좋다.

나는 그것을 했어야 했는데.

나는 그것을 해본다.

나는 그것을 간신히 한다.


영어도 마찬가지다. 하나의 동사에 갖가지 특정한 의미를 보태주는 동사 조동사가 쓰인다. 이미 당신은 조동사 두 가지를 알고 있다. 미래 시제를 나타내는 조동사 will / be going to다. 이처럼 조동사는 동사 앞에 위치하여 조금 더 구체적으로 동사를 활용할 수 있게 돕는다.


| | |
|---|---|
| I do it. | 나는 그것을 하다. |
| I can do it. | 나는 그것을 할 수 있다. |
| I could do it. | 나는 그것을 할 수 있을 것이다. |
| I could do it. | 나는 그것을 할 수 있었다. |
| I could have done it. / I could've done it. | 나는 그것을 할 수 있었을 것이다. |
| I will do it. / I'm going to do it. | 나는 그것을 할 것이다. |
| I would do it. | 나는 그것을 할 건데 말이다. |
| I would do it. | 나는 그것을 하곤 했는데 말이야. |
| I would've done it. | 나는 그것을 했을 것인데 말이야. |
| I may do it. / I might do it. | 나는 그것을 할지도 모른다. |
| I must do it. / I have to do it. / I gotta do it. | 나는 그것을 해야 한다. |
| I should do it. | 나는 그것을 하는 게 좋다. |
| I try to do it. | 나는 그것을 해본다. |
| I manage to do it. | 나는 그것을 (간신히) 해냈다. |


조동사를 활용한 주동을 하나씩 다 구사해보자. 어렵지 않다. 조동사를 활용한 주동은 매일 일상 속에서 사용하는 것이다. 꾸준히 연습하면

외우지 않아도 자연스럽게 사용할 수 있다. 부담 갖지 말고 계속 연습
해보라.


## 주어 + can + 동사: 할 수 있다

조동사는 기본적으로 앞으로 누가 무엇을 하게 될 확률을 나타낸다.
can은 할 수 있다는 뜻을 가지므로 하게 될 확률이 매우 높다.

| | |
|---|---|
| I do it. | 나는 그것을 하다. |
| You can dance. | 당신은 춤을 출 수 있다. |
| He can make it. | 그는 해낼 수 있다. |
| I can give you this. | 나는 너에게 이것을 줄 수 있다. |
| We can come back here again. | 우리는 여기에 다시 돌아올 수 있어. |

● make it: 해내다


## 주어 + could + 동사: 할 수 있을 것이다

could는 can에 비해서 할 수 있는 확률이 매우 낮다. could는 무슨
뜻일까? '할 수 있다'가 아니라 '할 수 있을 것이다'로 해석할 수 있다.
할 수 있으면 있지, '할 수 있을 거야'는 뭔가? 할 수 있다는 일이 더 멀

게 느껴지지 않는가? could는 확실히 can에 비해 확률이 매우 낮게 느껴진다. 우리가 일상 속에서 말을 할 때, '할 수 있을 것이다'라는 표현은 언제 사용하는가? 가정을 하는 상황일 때 많이 사용한다. 예컨대 네가 돈이 많다면, "나는 그것을 살 수 있을 거야"라는 식으로 사용할 수 있다.

I can buy it.

(네가 돈이 많다면) I could buy it.

두 개의 뉘앙스 차이가 느껴지는가? I can buy it은 가정이 필요 없다. 진짜 할 수 있으니까, 능력 있으니까 말이다. 그런데 I could buy it는 가정이 있을 때 쓰이던가 할 수 있긴 한데 확신이 좀 떨어진다. 그럼 이 둘을 어떻게 구별할까? 당신의 확신 정도, 당신의 지극히 주관적인 확신 수준으로 맘대로 자유롭게 선택하라.

I could do it maybe next week.
나 아마도 다음 주에는 그것을 할 수 있을 것이다.

She could finish her work at the library.
그녀는 도서관에서 일을 끝낼 수 있을 것이다.

You could meet him.
너는 그를 만날 수 있을 것이다.

We could stay here.
우리는 여기에 머무를 수 있을 것이다.

It could continue over and over again.
그것은 계속해서 이어질 수 있을 것이다.

• over and over again: 계속해서

## 주어 + could + 동사: 할 수 있었다

could는 '할 수 있을 것이다'라는 미래에 대한 이야기를 하지만 과거에 대한 이야기도 가능하다. 과거에 진짜 할 수 있었다는 강한 어조를 나타내는 데 사용한다. 과거에 대한 이야기이므로 과거 시점이 제시될 때 또는 과거, 옛 추억을 이야기할 때 사용한다.

I could run for 1 hour at the stadium yesterday.
나는 어제 스타디움에서 한 시간 동안 달릴 수 있었다.

She couldn't get her son ready for school this morning.
오늘 아침 그녀는 그녀 아들을 등교 준비를 시킬 수 없었다.

He could change the game last night.
어젯밤 그는 게임을 바꿀 수 있었다.

● get + 누구 + 어떠하다: 누구를 어떠하게 하다

## 주어 + could've + 과거분사: 할 수 있었을 것이다

could가 과거에서 '할 수 있었음'을 나타낸다면, could've는 '할 수 있었을 것이다'로 확신 혹은 확률이 매우 떨어질 때 사용한다. 예를 들어보자. "만약 리오넬 메시가 부상을 당하지 않았다면 바르셀로나는 이길 수 있었을 것이다" 같은 표현을 우리는 정말 자주 사용한다. 즉, 어떤 과거의 가정을 상상해볼 때, 그랬다면 그랬을 수 있다는 뜻이다(하지만 실제로는 그 반대다).

I could've done it so quickly.
나는 정말 일찍 그것을 끝낼 수 있었을 것이다.

She could've given him her letter.
그녀는 그에게 그녀의 편지를 줄 수 있었을 것이다.

We could've won the match with 1 more minute.
1분 더 있었다면, 그 시합을 이길 수 있었을 것이다.

## 주어 + will / be going to + 동사: 일 것이다

앞서 미래시제 주동에서 충분히 다뤘지만 복습 차원에서 다시 한 번 보자.

I'm not gonna make a song again for you.
나는 다시는 널 위해 노래를 만들지 않을 것이다.

You'll succeed in the future.
미래에 너는 성공할 것이다.

-----

## 주어 + would + 동사: 일 것이다(일 텐데 말이다)

would는 could와 마찬가지로 낮은 확률의 미래 이야기, 어떤 가정 속에서의 이야기를 말할 때 쓴다. will이 강한 확신을 가지고 '할 것이 다'라면, would는 어떤 가정이나 상상 속에서 일어날 미래 이야기를 말할 때 '일 것이다 / 일 텐데 / 일 것인데'로 사용한다. 예컨대 '네가 지 금 내 곁에 있다면, 난 행복할 텐데'와 같다. 군대식으로 '뭐, 뭐일 텐데 말입니다'와 같다.

(너가 같이 있다면) I would go there.
나는 거기 갈 건데 말이다.

She would become a doctor in the future.
그녀는 미래에 의사가 될 건데 말이다.

You would enter Google.
너는 구글에 들어갈 수 있을 건데 말이다.

They would earn lots of money.
그들은 돈을 많이 벌 것인데 말이다.

휴스턴 would win the championship with Stephen Curry, too.
휴스턴도 스테판 커리가 있다면 우승할 것인데 말이다.

---

---

---

---

## 주어 + would + 과거분사: 하곤 했는데 말이다

could가 과거 시점이 있을 때, 과거의 '할 수 있었다'를 말하듯이 would 또한 마찬가지다. 과거 시점이 주어질 때 또는 과거 / 옛 추억에 대해서 말하고 있을 때, would는 '하곤 했는데 말이다'의 뜻이다.

I would go to the park with my pet long time ago.
오래전 내 강아지와 공원 갔는데 말이야.

She would sleep so late and wake up so early back then.
전에 그때, 그녀는 매우 늦게 자고 매우 일찍 일어나곤 했는데 말이야.

He would fight with his friends sometimes when he was young.
그가 어렸을 때 그의 친구랑 싸우곤 했는데 말이야.

• '주어 + used to + 동사' 또한 '~하곤 했다'이다. would보다 더 자주 한 추억 / 일들, 그래서 기억이 뚜렷한 것에 대해서는 'used to'를 사용한다. 반면 would는 기억이 좀 가물가물한 것들에 사용한다.

## 주어 + would've + 과거분사: 이었을 것이다

would've를 활용하면, 과거 시점을 가정 / 상상했을 때의 일어나지 않았던 가능성을 말할 수 있다. could've가 '할 수 있었을 것이다'라면 would've는 '했을 것이다'이다.

(그때 집이 있었더라면) I would've gotten more loan.
대출을 더 얻었을 것이다.

(그때 그녀가 그 선택을 했더라면) She would've not been here at all.
그녀는 결코 여기에 없었을 것이다.

(그때 그 뉴스가 방송 안 되었더라면) We would've used it for a long time.
우리는 오랜 기간 그것을 사용했을 것이다.

## 주어 + may / might + 동사: 일지도 모른다

걷는 길 끝에 직접 가지 않고는 뭐가 있을지 모르듯, 한 치 앞도 모르는 미래를 놓고 우리는 추측을 한다. "뭐 뭐일지도 모른다" 하면서 말이다.

The work may turn really bad.
그 일은 정말 나쁘게 변할지도 모른다.

I may pass the 1st test but I'm not sure of the 2nd one.
1차 테스트는 통과할지도 모르는데 2차 테스트는 확신이 없다.

You might become a famous world star.
너는 유명한 월드스타가 될지도 모른다.

● be sure of~: 확신하다

## 주어 + may / might have + 과거분사: 이었을지도 모른다

미래에 대해서 '일지도 모른다'라고 할 수 있지만, would've(였을 것이다), could've(할 수 있었을 것이다)와 같이 may have / might've를 사용해서 과거에 '이었을지도 모른다'고 표현할 수 있다.

(네가 전화했더라면) She may have come to the party.
그녀가 파티에 왔을지도 모른다.

(오심이 없었다면) The match may have been totally different.
그 경기는 완전히 달랐을지도 모른다.

## 주어 + may + 동사: 해도 된다

may의 특별한 용법에 대해서 하나 추가한다. may는 '해도 된다'와
같이 허가의 의미를 나타낸다.

You may come in.                          너는 들어와도 된다.

You may use my car.                       너는 내 차를 써도 된다.

I may utilize all the functions here.     나 여기서 모든 기능을 사용해도 된다.

## 주어 + must + 동사: 해야 한다

must는 진짜, 꼭, 반드시, 해야 하는 상황에 쓴다.

| | |
|---|---|
| I must go now. | 나 지금 가야 해. |
| You must get it done. | 너는 그것을 꼭 끝내야만 해. |
| We must face and solve it. | 우리는 그것을 직면하고 해결해야 한다. |

## 주어 + should + 동사: 해야 한다 / 하는 게 좋다

must가 '해야 한다'의 완전히 센 표현이라면, should는 좀 약한 표현이다. '하는 게 좋다 / 하면 좋다'라고 보면 좋다. 일반적으로 해야 한다는 표현을 할 때 must보다 should를 더 많이 사용하는 건 이런 이유에서다.

I should work out one hour more.
나는 한 시간 더 운동해야 해.

You should do your homework first and watch TV.
너는 숙제 먼저 끝내고 TV 봐야 한다.

He should check wrong information in the list.
그는 리스트의 잘못된 정보를 체크해야 한다.

● work out: 운동하다

111

## 주어 + should have + 과거분사: 했어야 했다

would've, could've, might've와 같이 과거의 가정을 should도 할 수 있다. should've는 '했어야 했다'는 의미로, 즉 실제로는 하지 않았음을 나타낸다.

I should've confessed to her last night.
나 어제 그녀에게 고백했어야 했다.

You should've not talked to your professor that way.
너는 그런 식으로 교수님께 말하지 않았어야 했다.

We should've won the contest.
우리는 콘테스트에서 이겼어야 했다.

## 조동사는 아니지만 비슷한 감초 역할을 하는 일반동사들

일반동사인데 조동사처럼 다른 동사 앞에서 의미를 더해주는 감초 역할을 하는 것들이 있다.

### 주어 + try to + 동사: 시도하다 / 해보다

I tried to drink it.
나는 그것을 마셔봤다.

Stephen Curry tries to throw thousand 3 pointers everyday.
스테판 커리는 매일 천 개의 3점 슛을 던져본다.

I'll try to do it.
내가 그것을 해볼게.

### 주어 + manage to + 동사: 해내다

I managed to finish the work.
나는 일을 간신히 끝냈다.

Denver Nuggets managed to improve their defense.
덴버 너겟 팀은 그들의 수비진을 개선해냈다.

We managed to remodel our home.
우리는 우리 집을 리모델링해냈다.

### 주어 + have to + 동사: 해야 한다

I have to go.                    나는 가야 한다.

She has to run.                  그녀는 달려야 한다.

We have to use this place.       우리는 이 장소를 사용해야 한다.

구어체에서는 have to 대신 gotta를 사용한다.

| | |
|---|---|
| I gotta do it. | 나 그것을 해야 해. |
| She gotta bring his car. | 그녀는 그의 차를 가지고 와야 해. |
| It gotta continue. | 그것은 계속되어야 해. |

## 주어 + want to + 동사: 싶다 / 원하다

I want to chill out now.
나는 지금은 그냥 편히 쉬고 싶어.

She wanted to eat 순대 last night.
어젯밤에 그녀는 순대를 먹고 싶었어.

We want to win the championship this year.
올해 우리는 챔피언이 되고 싶어.

● chill out: 긴장 풀고 편히 쉬다

## 주어 + like to + 동사: 좋아하다

My daughter likes to watch Pororo.
내 딸은 뽀로로 보는 걸 좋아한다.

I like to go jogging every morning.
나는 매일 아침 조깅하는 것을 좋아한다.

They like to have some coffee after each meal.
그들은 매 식사 후에 커피 좀 마시는 걸 좋아한다.

## 주어 + seem to + 동사: 같다

She seems to go back to her country.
그녀는 그녀의 나라로 돌아간 것 같다.

You seemed to be so sad yesterday.
넌 어제 정말 슬퍼하는 것 같았어.

They seem to be so calm.
그들은 정말 침착한 것 같다.

He seems to pass the exam.
그는 시험에 합격한 것 같다

Korean economy doesn't seem to recover.
한국경제는 회복된 것 같지 않다.

---

---

---

---

## 주어 + start to / begin to + 동사: 시작하다

It started to rain.
비 오기 시작했다.

They started to dance to the music.
그들이 음악에 맞춰 춤추기 시작했다.

She started to cry suddenly.
갑자기 그녀가 울기 시작했다.

He began to talk with a great confidence.
그는 굉장한 자신감을 가지고 말하기 시작했다.

## 주어 + fail to + 동사 : 해내지 못하다

He failed to pass the test.
그는 시험에 통과하지 못했다.

She failed to finish her work.
그녀는 그녀의 일을 끝내지 못했다.

I failed to run 100 meters within 15 seconds.
나는 15초 안에 100미터를 달리지 못했다.

## 11-1 조동사 주동 부정문 만들기

여러 번 언급해서 아마 잘 알고 있을 것이다. 그래도 전체적으로 복습해보자. 조동사 주동의 부정문은 조동사 바로 뒤에 not을 붙이면 된다.

| I will do | ▸ I will not do | ▸ I won't do |
| I'm gonna do | ▸ I'm not gonna do | |
| I would do | ▸ I would not do | ▸ I wouldn't do |
| I would've done | ▸ I wouldn't have done | |
| I could do | ▸ I could not do | ▸ I couldn't do |
| I could've | ▸ I couldn't have done | |
| I may do | ▸ I may not do | |
| I might do | ▸ I might not do | |
| I might do | ▸ I might not do | |
| I might've done | ▸ I might not have done | |
| I must do | ▸ I must not do | |
| I should do | ▸ I shouldn't do | |
| I should've done | ▸ I shouldn't have done | |
| I do | ▸ I don't do | |
| I did | ▸ I didn't do | |

## 11-2 미션 수행

이번 숙제는 미션이다. 자신의 하루를 영어로 기록해봐라. 이번 장에서 배웠던 다양한 조동사를 활용해서 말이다. 그리고 당신의 기록을 인스타 / 페이스북 / 블로그 또는 당신의 일기장에 영어로 써라.

**'무엇하다' → '무엇되다' 수동태의 모든 것**

"누가 이거 여기에 놓았어?"

이 질문에 대해 두 가지 관점에서 답할 수 있다. 첫 번째는 그동안 공부한 것을 활용해서!

| She put it here. | 그녀가 그것을 여기에 놓았어요. |
| I put it here. | 내가 그것을 여기에 놓았어요. |
| Peter put it here. | 피터가 그것을 여기에 놓았어요. |

그런데 관점을 '그것'에 두고 문장을 시작하면 어떻게 표현할 수 있을까?

It
_____

It이 주어이므로 "놓았다"라는 능동태에서 "놓아졌다"라는 수동태로 바뀌어야 한다. 능동태에서 수동태로 바꾸는 방법은? 매우 간단하다. 'be+과거분사'를 활용하면 된다.

It was put.                          그것은 놓아졌다.

It was put + 어디
▸ It was put here.                    그것은 여기에 놓아졌다.

It was put here + 누가
▸ It was put here by him.             그것은 그에 의해 여기에 놓아졌다.

* by him: 그에 의해 / by her: 그녀에 의해 / by me: 나에 의해 / by you: 너에 의해 / by us: 우리
에 의해 / by them: 그들에 의해 / by Robert: 로버트에 의해

The professor has studied the research.     그 교수가 그 연구를 연구했다.
▸ The research has been studied.             그 연구는 연구되었다.

The research has been studied + 누가
▸ The research has been studied by the professor. 그 연구는 그 교수에 의해 연구되었다.

* have / has 과거분사 (능동) → have / has been 과거분사 (수동)

He gave her a wedding ring.          그는 그녀에게 결혼반지를 주었다.
▸ A wedding ring was given.           결혼반지가 주어졌다.

A wedding ring was given + 누구에게
▸ A wedding ring was given to her.    결혼반지가 그녀에게 주어졌다.

A wedding ring was given to her + 누가
▸ A wedding ring was given to her by him.  결혼반지는 그에 의해 그녀에게 주어졌다.

　수동태 주동을 연습해보자. 그동안 주어와 동사, 즉 주동을 하나의 단
위로 여기며 연습했듯이 '주어 be 과거분사'로 구성된 수동태 주동 또
한 하나의 단위로 연습해야 한다. 주어 따로 be 따로 과거분사 따로 여
기고 생각하면서 문장을 만들고 말하는 것이 아니다. '주어 be 과거분
사'를 하나의 묶음으로 계속 연습하다 보면 너무나도 자연스럽게 입에
붙을 것이다.

| | |
|---|---|
| I was shocked. | 나는 놀라졌다. |
| It was painted. | 그것은 그려졌다. |
| The wall has been broken. | 저 벽은 깨졌다. |
| The war was started. | 전쟁은 시작되었다. |
| My life is driven. | 내 삶은 이끌어진다. |
| The One Ring was lost. | 절대반지는 잃어버렸다. |
| The book was read. | 그 책은 읽혔다. |
| The gun has been kept. | 그 총은 보관되었다. |
| Many iPhones were sold. | 많은 아이폰이 팔렸다. |
| This letter was written. | 이 편지는 쓰였다. |

수동태 주어를 시작으로 삼아 '어디서?', '언제?', '어떠하게?', '어떻게?', '누구에게?', '누구에 의해?' 등등 말을 머릿속에서 생각나는 대로 연결하면 된다. 순서는 너무 신경 쓰지 마라.

I was shocked.　　나는 놀라졌다.

I was shocked + 무엇에 의해
‣ I was shocked by the news.

I was shocked by the news + 언제
‣ I was shocked by the news yesterday.

It was painted.　　그것은 그려졌다.

It was painted + 누구에 의해
‣ It was painted by Picasso.

It was painted by Picasso + 어디에서 언제
‣ It was painted by Picasso in Spain in 1986.

The wall has been broken. 저 벽은 깨졌다.

The wall has been broken + 무엇에 의해
▸ The wall has been broken by a hammer.

The wall has been broken by a hammer + 어떻게
▸ The wall has been broken by a hammer completely.

• hammer: 망치
• completely: 완전히

The war was started. 전쟁은 시작되었다.

The war was started + 어디
▸ The war was started in Korea.

The war was started in Korea + 언제
▸ The war was started in Korea on June 25th in 1950.

The war was started in Korea on June 25th in 1950 + 누구 사이에
▸ The war was started in Korea on June 25th in 1950 between North and South Korea.

My life is driven. 내 삶은 이끌어진다.

My life is driven + 무엇에 의해
▸ My life is driven by purpose.

My life is driven by purpose + 언제
▸ My life is driven by purpose at every moment.

• purpose: 목적
• at every moment: 매 순간

The One Ring was lost. 절대반지는 잃어버렸다.

The One Ring was lost + 누구에 의해
▸ The One Ring was lost by Gollum.

The One Ring was lost by Gollum + 왜
▸ The One Ring was lost by Gollum because of Bilbo.

The book was read. 그 책은 읽혔다.

The book was read + 누구에 의해
‣ The book was read by a lot of people.

The book was read by a lot of people + 어디
‣ The book was read by a lot of people from whole over the world.

● whole over the world: 전 세계


The gun has been kept. 그 총은 보관되었다.

The gun has been kept + 어떠하게
‣ The gun has been kept so clean.

The gun has been kept so clean + 누구에 의해
‣ The gun has been kept so clean by him.


Many iPhones were sold. 많은 아이폰이 팔렸다.

Many iPhones were sold + 어디
‣ Many iPhones were sold in US.

Many iPhones were sold in US + 언제
‣ Many iPhones were sold in US in just a day.

● in just one day: 단지 하루 안에


his letter was written. 이 편지는 쓰여졌다.

This letter was written + 누구에게
‣ This paper was written to his wife.

This paper was written to his wife + 누구에 의해
‣ This paper was written to his wife by a soldier.

This paper was written to his wife by a soldier + 언제
‣ This paper was written to his wife by a soldier during war.

This paper was written to his wife by a soldier during war + 어디서
‣ This paper was written to his wife by a soldier during war in Afghanistan.

● during war: 전쟁 중에

## 12-1 I am so pleased와 같이 과거분사가 감정을 나타내는 과거분사로 사용될 때 꼭 by를 쓸 필요는 없다!

주어 be amazed at         ~에 놀라게 되다.

주어 be shocked at         ~에 충격 먹다.

주어 be surprised at         ~에 놀라다.

주어 be frightened at         ~에 깜짝 놀라다.

주어 be satisfied with         ~에 만족스럽다.

주어 be pleased with         ~에 기뻐하다.

주어 be concerned about    ~에 걱정하다.

주어 be worried about     ~에 걱정하다.

## 12-2 자동사와 수동태의 차이점 - 뉘앙스 알기

Break은 '깨뜨리다'는 타동사의 의미를 가지는데, '깨지다'라는 자동사의 뜻도 있다. 그래서 다음과 같은 두 문장이 가능하다.

The window broke.

The window was broken.

둘 다 '창문이 깨졌다'라는 뜻을 가진다. 하지만 뉘앙스가 좀 다르다. 첫 번째 The window broke는 창문이 스스로 저절로 깨졌다는 뉘앙스가 있다. 그 이유로 창문이 오래되어서 그랬을 수도 있다. 그런데 The window was broken은 뭔가 어떤 이유 / 무엇 / 누구에 의해서 깨졌다는 뉘앙스가 있다. 창문이 자발적으로 깨진 것이 아니다.

Change는 '바꾸다'라는 타동사의 뜻과 '바뀌다'라는 자동사의 뜻을 가지고 있다.

The world has changed.

The world has been changed.

.모두 '세계가 바뀌었다'는 뜻을 가진다. 역시 뉘앙스가 다르다. The world has changed는 '세계가 시간이 흐르면 저절로 바뀐다'라는 뉘앙스가 있고, The world has been changed는 어떤 무엇 / 누군가에 의해 세계가 바뀌게 되었다는 뉘앙스가 있다.

Continue는 '계속하다'는 타동사와 '계속되다'는 자동사의 뜻이 있다.

The show continues.

The show is continued.

The show continues라는 문장에 대해서, '쇼는 계속됩니다'라고 해석할 수 있다. 그런데 The show is continued라고 문장을 만들면 '프로그램, MC 등 뭔가 또는 누군가에 의해서 계속됩니다'라는 뉘앙스가 있다.

# 질문의 힘! 영어로 질문하는 두 가지 방법

인간은 언어를 통해 세계를 바라보고 생각을 한다. 생각에 대해서는 수많은 정의가 있지만, 간단히 말하자면 질문을 던지고 그 질문에 대한 답을 하는 과정이다. 따라서 질문을 잘하는 사람은 생각을 잘하고 생각을 잘하는 사람들은 정말로 좋은 질문을 던질 수 있다. 스티브 잡스, 빌 게이츠, 워런 버핏, 엘론 머스크, 래리 페이지, 마크 저커버그 등 훌륭한 이들의 공통점은 모두 좋은 질문을 잘 던지고 이를 통해서 위대한 생각을 많이 한다는 것이다.

이것이 우리가 질문하기를 배워야 하는 이유다. 질문에는 '예 / 아니오' 대답을 요구하는 닫힌 질문이 있고, '누가 / 언제 / 어디서 / 무엇을 / 얼마나 / 왜'와 같이 구체적 정보를 요구하는 열린 질문이 있다. 열린 질문을 위해서 의문사(5W1H: Who, What, When, Where, Why, and How)를 활용할 수 있다.

## 닫힌 질문 만들기

가장 쉽게 질문을 만드는 방법은 바로 당신이 지금까지 만들었던 문장의 끝을 올리는 것이다.

You are Isaac(당신은 아이작이다).

여기서 Isaac을 발음할 때 끝을 올리는 것이다.

You are **Isaac**(당신 아이작인가요)**?**

He came to the party last night(그는 지난밤에 파티에 왔다).

Night 끝을 올려보자.

He came to the party last **night**(그가 지난밤에 파티에 왔나요)**?**

He has come home(그는 집에 왔다).

Home 끝을 올려보자.

He has come **home**(그는 집에 왔나요)**?**

이렇게 문장의 끝을 올려서 발음하면 의문문을 쉽게 만들 수 있다. 이는 실제 구어체에서 많이 사용한다. 하지만 이것은 정석이 아니다. 계속 이런 식으로 질문을 하면 좀 이상해진다. 질문을 올바르게 만드는 공식적인 방법은 알아야 할 때가 왔다.

He can drive to Seoul within one hour now(그는 지금 한 시간 내로 서울에 운전해 갈 수 있다).

이 문장을 질문으로 표현하면 다음과 같다.


Can he drive to Seoul within one hour now?


'주어+조동사+동사'의 순서가 '조동사+주어+동사'가 되면 된다. 단축해서 말하자면 '주(조)동'이 '조주동'이 되는 것이다.


You are eating dinner now.　　당신은 지금 저녁을 먹는다.

Are you eating dinner now?　　당신은 지금 저녁을 먹나요?

주동 You are eating이 조주동 Are you eating이 된다.


They won the match.　　　　그들은 시합을 이겼다.

Did they win the match?　　　그들이 시합을 이겼어?

주동 They won이 조주동 Did they win이 된다. 여기서 did는 일반동사의 조동사인 do의 과거형이다.


You work out everyday.　　　너희는 매일 운동한다.

Do you work out everyday?　　너희는 매일 운동하니?

주동 You work이 조주동 Do you work이 된다. 여기서 do는 일반동사의 조동사 do의 현재형이다.


You've finished your work.　　너는 네 일을 끝마쳤다.

Have you finished your work?　　너 일을 끝마쳤니?

주동 You have finished가 조주동 Have you finished가 되었다.

You're gonna forgive him.　　　　너는 그를 용서할 거다.

Are you gonna forgive him?　　　너 그를 용서할 거니?

주동 You are gonna forgive이 조주동 Are you gonna forgive이 되었다.


## 열린 질문 만들기

대화를 이어나가거나 대화의 내용을 풍성하게 하기 위해서 열린 질문을 할 필요가 있다. 열린 질문이란 의문사를 활용하여 질문하는 것이며, 의문사로는 누가(who), 언제(when), 어디서(where), 무엇을 (what), 어떻게(how), 얼마나(how many / how much), 왜(why)가 있다. 그럼 열린 질문을 만들어보자.


### Who 누구

"I played soccer with Kevin in the same team(나는 케빈과 같은 팀에서 축구를 했다)."

주어를 나에서 너로 바꿔 질문하면? 주동을 조주동으로 바꾸면 된다.

"Did you play soccer with Kevin in the same team(너는 케빈과 같은 팀에서 축구했니)?"

그런데 다음과 같이 Kevin을 쏙 뺐다고 해보자.

"Did you play soccer with ＿＿＿ in the same team?(너는 ＿＿＿ 랑 같은 팀에서 축구했니?)"

＿＿＿ 안에 들어갈 말이 무엇인가? 바로 who(누구)이다. 그렇다면 다음과 같이 질문을 해야 할 것이다.

"Did you play soccer with who in the same team?"

127

그런데 영어에서는 의문사를 맨 앞에 두는 원칙이 있다. 제일 궁금한 것을 맨 앞에 언급하는 것이다. 그래서 최종적으로 다음의 질문이 완성된다.

"Who did you play soccer with in the same team?"

또 다른 문장을 보자.

"You're Isaac(너는 아이작이야)"을 질문으로 만든다면? 조주동을 활용하라(be동사는 조동사이면서 동시에 동사이다)!

"Are you Isaac(당신은 아이작인가요)?"

그런데 Isaac을 빼보자.

"Are you _____?"

역시 _____ 에 들어갈 궁금한 것은 바로 who이다. 그런데 의문사 who는 맨앞에 언급되니까 "Who are you(당신은 누구십니까)?"가 되는 것이다.

이와 같이 who를 사용한 질문은 'Who+조주동'으로 시작된다.

| Who did you eat lunch with? | 누구와 넌 점심을 같이 먹었냐? |
| Who do you like the most? | 누구를 넌 제일 좋아하냐? |
| Who is she gonna dance with? | 누구와 그녀는 춤을 출 것인가? |
| Who will he promote? | 그는 누구를 승진시킬 것인가? |
| Who are you gonna take to the party? | 너는 누구를 파티에 데려갈 거야? |

이렇게 'Who+조주동'을 가지고 질문을 만들면 된다. 그런데 한 가지 예외가 있다. Who가 주어가 되면 'Who+동사'를 가지고 질문을 만들

수 있다는 것!

| | |
|---|---|
| Who has done it? | 누가 그것을 했지? |
| Who are playing at the 4Q? | 누가 4쿼터에 플레이하고 있지? |
| Who wants to join our group? | 누가 우리 그룹에 들어오고 싶어 하지? |
| Who likes to challenge me? | 누가 내게 도전하고 싶은가? |
| Who did a good job at the last match? | 누가 지난 경기에서 잘했는가? |

● do a good job: 잘하다

## When 언제

Who와 마찬가지로 'When+조주동'으로 수많은 열린 질문을 만들 수 있다.

| | |
|---|---|
| When are you gonna come? | 언제 넌 올 거야? |
| When will the match start? | 언제 경기 시작해? |
| When did it end? | 언제 그것 끝났어? |
| When can you submit your report? | 언제 넌 리포트 제출이 가능해? |
| When should I finish this work? | 언제 이 일을 끝내야 하죠? |

● submit: 제출하다

Who와 마찬가지로 When이 주어로 쓰일 수도 있다. 이때는 'When+동사'를 주동으로 삼아서 질문을 만들면 된다.

| | |
|---|---|
| When is your best time? | 언제가 너에게 최고의 시간이니? |
| When is available for you? | 언제가 너는 시간이 돼? |
| When is the right time? | 언제가 때인가요? |

● available: 시간이 되는

**Where 어디서**

마찬가지로 'Where+조주동'을 가지고 열린 질문을 만들면 된다.

| | |
|---|---|
| Where have you found this? | 어디서 이것을 찾았어? |
| Where did you meet your wife for the first time? | 어디서 네 와이프를 처음 만났어? |
| Where did you get that idea? | 어디서 그 아이디어를 얻었어? |
| Where are you from? | 어디 출신이니? |
| Where is it? | 어디에 그것이 있어? |

● for the first time: 처음 / 최초로

마찬가지로 Where은 주어로도 가능하다. Where을 주어로 삼아 주동을 만들어 질문할 수 있다.

| | |
|---|---|
| Where is the best? | 어디가 최고야? |
| Where is good? | 어디가 좋아? |

**What 무엇**

의문사 중 제일 많이 사용할 What으로 질문을 만들어보자.

| | |
|---|---|
| What are you doing? | 무엇을 넌 하고 있니? |
| What is your job? | 너의 직업은 무엇이야? |
| What do you want to eat? | 무엇을 넌 먹고 싶어? |
| What is your favorite food? | 가장 좋아하는 음식은 무엇이야? |
| What could you show to us? | 당신은 무엇을 우리에게 보여줄 수 있을까요? |

또한 What을 주어로 삼아 주동을 만들어 질문할 수도 있다.

| What's new? | 무엇이 새 거야? |
|---|---|
| What's up? | 무엇이 새로운 일이야? |

● 더 줄여서 whatup

## How 어때 / 어떻게

'How+조주동'을 가지고 많은 질문을 만들어보자.

| How are you? | 안녕? / 어떠하세요? / 어떻게 지내세요? |
|---|---|
| How's it? | 그것은 어때? |
| How can we make it? | 어떻게 우리 그것 만들 수 있을까? |
| How will you go back to Korea? | 어떻게 넌 한국에 돌아갈 거니? |
| How's the weather? | 날씨는 어때? |
| How would it be? | 그것은 어떨 것인가? |
| How did you do it? | 너는 그것을 어떻게 했어? |
| How's your mom? | 엄마는 어떠셔? |
| How're you doing? | 안녕하세요? / 너는 어떻게 하고 있니? |
| How can I go to Seoul station | 어떻게 서울역까지 갈 수 있죠? |

### How many / How much 얼마 / 얼마나 많은

얼마에 대한 수량 표현은 쇼핑이나 식당에서 늘 사용하니 꼭 알아둘 필요가 있다. 수량과 관련된 표현으로 many(많은)와 much(많은)가 있는데 many의 경우 셀 수 있는 명사에 대해서, much의 경우 셀 수 없는 명사에 대해서 사용한다.

| How many are there in the pool? | 수영장에 얼마나 많이 있죠? |
|---|---|

● there is / are 무엇: 무엇이 있다 / 존재하다.

좀 더 구체적으로 How many people(얼마나 많은 사람), How many balls(얼마나 많은 공)과 같이 표현할 수 있다.

How many security guards are there in the pool?
수영장에 얼마나 많은 경비대원이 있나요?

How much is it?
그거 얼마예요?

How 다음에 꼭 many 또는 much만 쓸 필요는 없다. 다음과 같은 표현도 가능하다.

How big is it?                                그것은 얼마나 커요?

How small is it?                              그것은 얼마나 작아요?

How important is the work to you?            너에게 그 일은 얼마나 중요하니?

How great is it?                             그것은 얼마나 위대한가?

How awesome are you?                        너는 얼마나 대단한가?

## Why 왜

마지막으로 'Why+조주동'을 가지고 질문을 만들어보자.

Why did you talk to me like that?            왜 그런 식으로 내게 말했니?

Why is Isaac so happy?                       아이작은 왜 그렇게 행복해?

Why is there no money to me?                 왜 내게는 돈이 없는 거야?

Why do you want to do that?                  그 일을 왜 하고 싶은 거죠?

Why do many people still go to the place?    왜 많은 사람이 아직도 그곳에 가려는 걸까요?

## 13-1 닫힌 질문 만들기: 주동 ▸ 조주동 연습

그동안 주동 / 주조동을 하나의 단위로 엄청나게 연습했듯이, 질문을 만드는 조주동 또한 하나의 단위로 엄청 읽고 연습하라. 주동과 마찬가지로 분리하려고 하지 마라. 계속 연습하면 정말로 하나의 단위로 자연스럽게 당신의 입에서 나올 것이다.

이번에 연습할 것은 '주동' '조주동'으로 만들어 닫힌 질문을 만드는 것이다. 주어가 I 또는 We이면 질문할 때는 You로 바꾸어 질문하라.

I bought a new phone yesterday.    나는 어제 새 폰을 샀다.
▸ Did you buy a new phone yesterday?

She didn't do it alone.    그녀는 혼자서 그것을 하지 않았다.
▸ Didn't she do it alone?

이제 혼자 연습해보자.

You are single.    너는 싱글이다.

▸ _____

She looks so happy today.    그녀는 오늘 매우 행복해 보인다.

▸ _____

He seems to pass the exam.    그는 시험에 합격한 것 같다.

▸ _____

I drive to the work two hours everyday.    나는 매일 두 시간 운전해 일터에 간다.

▸ _____

We play golf together once a week.　우리는 한 주에 한 번 골프를 같이 친다.

▸

---

I've already finished my work.　나는 벌써 내 일을 끝마쳤다.

▸

---

He came up with the idea.　그가 그 아이디어를 생각해냈다.

▸

---

● come up with: (아이디어를) 생각해내다

He received a lot of questions after his presentation.
그의 프리젠테이션 이후 그는 수많은 질문을 받았다.

▸

---

We want to go travel abroad at the end of this year.
연말에 우리는 해외 여행을 하고 싶어요.

▸

---

## 13-2 열린 질문 만들기: 주동 → 의문사+조주동 연습

이번에는 의문사+조주동을 가지고 연습해보자. 다음과 같이 주동이 있을 때 당신은 그 주동을 활용하여 가능한 많은 의문사+조주동을 만들어 질문을 하는 것이다.

You did.　너는 했다.

▸ What did you do yesterday?　너는 어제 뭐 했어?

▸ How did you do it?　너는 그것을 어떻게 했어?

▸ When did you do it?　너는 그것을 언제 했어?

▸ Where did you do it?　너는 그것을 어디서 했어?

▸ Why did you do it?               너는 그것을 왜 했어?

▸ How many times did you do it?      너는 그것을 얼마나 많이 했어?


  We've finished.                     우리는 끝냈다.

▸ What have we finished?              우리는 뭐 끝냈지?

▸ How have we finished the project?    우리는 그 프로젝트를 어떻게 끝냈지?

▸ Where have we finished the job with them?   우리는 그들과 그 일을 어디서 끝냈지?

▸ Why have we finished it?            왜 우리는 그것을 끝냈지?

▸ How many works have we finished?    얼마나 많은 일을 우리가 끝냈지?


자, 이제 본격적으로 주동을 줄 테니 최소 다섯 개의 질문을 만들어보자.
I가 주어일 때는 You로 바꿔 질문해라.


**I made(나는 만들었다).**

1.

2.

3.

4.

5.


**She runs(그녀는 달린다).**

1.

2.

3.

4.

5.

**We won(우리가 이기다 / 얻다 / 따다).**

1.
2.
3.
4.
5.


**You want to do(너는 하고 싶다).**

1.
2.
3.
4.
5.


**He's gonna take(그는 잡을 거다 / 데리고 갈 거다).**

1.
2.
3.
4.
5.


**They can talk(그들은 이야기할 수 있다).**

1.
2.

3.

4.

5.

**I like to play**(나는 (악기) 연주하고 싶다 / (운동) 운동하고 싶다).

1.

2.

3.

4.

5.

**My mother reads**(내 엄마가 읽으신다).

1.

2.

3.

4.

5.

**I'm studying**(나는 공부하고 있다).

1.

2.

3.

4.

5.

**South Korea is changing(한국은 변화하고 있다).**

1. _____

2. _____

3. _____

4. _____

5. _____

## 13-3 인사하기에 대해서

미국에서 하는 인사의 다양한 표현을 알아보자. 많은 이가 영어 인사로 Good morning, Good afternoon, Good Evening, Hi, Hello, How are you만 생각한다. 하지만 실제 미국 일상에서는 다른 표현들이 훨씬 많이 쓰인다.

### How are you doing? = How're you doin'?

How are you(잘 지내)?의 캐주얼 버전이다. 누군가가 "How're U doing?" 하고 묻는다면 "Good", "I'm doing well" 하면 되고 "How're you doing?" 하고 되물으면 된다. 지나가는 참에 "How're you doing?" 하고 인사를 받으면 당신도 "How're you doing?"이라 인사하고 지나가라.

### How is it going? = How's it going?

How're you doing?과 같은 류의 인사다. "Fine", "Not bad", "Good", "It's going well"이라고 간단히 답하면 된다.

**Hey man / bro, hi?**

단골 가게 종업원, 같이 농구하는 흑인 남자애들이 자주 했던 인사다. "헤이, 안녕?"의 의미.

**What's up?**

정말 많이 쓰는 인사말이다.

"What's up?" 하면 "Nothing", "Not much" 등으로 대답한다. 아무 일도 일어나지 않았다는 어감이라기보다는 누군가가 당신에게 "안녕" 했으니 "그래, 안녕" 하고 맞대답하는 느낌이다. 또는 당신도 "What's up?" 하면 된다.

**Nice to see you.**

자주 보던 사람들과는 "Nice to see you(만나서 반갑다)"이다. 처음 만나는 조금 격식을 차려야 하는 상황이라면 "Nice to meet you"를 쓴다.

# 14 생각 잇기 I : 등위접속사

충분히 연습했다면 이제 투머치토커(TMT!)가 되어보자. 말을 이어보는 것이다. 가장 쉬운 방법은 and / but / so 같은 말을 문장과 문장 사이에 시멘트처럼 바르는 것이다. 이러한 말들을 '등위접속사'라고 부른다. 실제 예를 통해서 한번 보자.

### And

'철수 and 영희', 'pretty and handsome', 'hit and run'과 같이 명사와 명사, 형용사와 형용사, 동사와 동사를 연결시킬 때 and를 사용했다. 문장과 문장을 연결시킬 때도 and를 사용할 수 있다. and를 통해 말을 계속 이어나가는 것이다.

I thought of you yesterday(어제 너를 생각했어).
And(그리고)
I really wanted to see you again(다시 너를 보고 싶었어).

▸ I thought of you yesterday and I really wanted to see you again.

● think of: ~를 생각하다

The great earthquake came suddenly(굉장한 지진이 갑자기 왔어).

And(그리고)

Many buildings began to fall(많은 빌딩이 무너지기 시작했어).

▸ The great earthquake came suddenly and many buildings began to fall.


First put password in the box(먼저 박스 안에 패스워드를 넣으라).

And then(그리고는 / 그리고 나서)

Press the enter button 엔터 버튼을 누르라.

▸ First put password in the box and then press the enter button.

● 이렇게 주어가 없이 동사만 있으면 명령문이 된다!


Klay Thompson passes the ball to Kevin Durant(클레이 톰슨이 공을 케빈 듀란트에게 패스합니다).

And(그리고)

Durant sees Curry with open chance(듀란트는 오픈 찬스의 커리를 봅니다).

And then(그리고는)

Curry from downtown shoots three-pointer and hits it(커리는 3점슛라인에서 3점슛을 던지고요, 넣습니다).

▸ Klay Thompson passes the ball to Kevin Durant and Durant sees Curry with open chance. And then, Curry from downtown shoots three-pointer and hits it.

● from downtown: 3점슛라인에서 ● three-pointer: 3점슛 ● hit it: 성공하다 / 넣다


## But

And와 마찬가지로 구어체에서 정말 많이 쓰는 표현이다. '하지만'의 뜻으로, 당연히 반대되는 내용을 이어준다.

She tried her best(그녀는 최선을 다했다).

But(하지만)

She failed to finish it(그것을 끝내지 못했다).

▸ She tried her best but she failed to finish it.

It rained suddenly yesterday(어제 갑자기 비가 왔다).

But(하지만)

It hasn't stopped until now(지금까지 멈추지 않았다).

▸ It rained suddenly yesterday but it hasn't stopped until now.

● it rains: 비 온다 / it snows: 눈 온다 ● until now: 지금까지

I'm not sure that your idea will work(난 잘 모르겠어. 네 아이디어가 될 것인지를).

But(하지만)

Let's give it a try(시도해보자).

▸ I'm not sure that your idea will work but let's give it a try.

● work: (아이디어 / 생각이) 효과 있다 / 되다 ● give it a try: 그 일에 시도를 주다 / 시도하다

● 이때 that은 문장을 하나의 단어인 것처럼 묶어줄 때 사용한다.


## but 대신에 however를 사용할 수 있다.

I like to go to a movie(나는 영화를 보고 싶다).

However(하지만)

I don't have money(돈이 없다).

▸ I like to go to a movie. However, I don't have money.


## So

그리고 And, 그러나 But에 대해서 공부했다. 이제 남은 것은 그래서를 표현하는 So이다. 원인 없는 결과는 없고 결과 없는 원인이 없다고, 수많은 일의 인과관계를 표현할 때 So를 사용한다.

I gave it a try(나는 시도했지).

So(그래서)

I've finished it(나는 끝냈지).

▸ I gave it a try so I've finished it.

She always does her best(그녀는 언제나 최선을 다한다).
So(그래서)
She'll succeed definitely.(그녀는 확실히 성공할 거야).

▸ She always does her best so she'll succeed definitely.


The game didn't end yesterday(어제 게임이 끝나지 않았다).
So(그래서)
It is gonna start tonight(그래서 오늘 시작할 거다).

▸ The game didn't end yesterday so it is gonna start tonight.


And, But, So로 문장을 연결할 때, 주어가 같은 경우 두번째 문장에서 주어를 생략할 수도 있다.


I am Isaac and I write books.
나는 아이작이고 나는 책을 씁니다.

▸ I am Isaac and (I) write books.
▸ 나는 아이작이고 책을 써요.


She works for Samsung and She lives in Seoul.
그녀는 삼성에서 일하고 그녀는 서울에 산다.

▸ She works for Samsung and lives in Seoul.
▸ 그녀는 삼성에서 일하고 서울에 살아요.


They are so friendly and they fight each other everyday.
그들은 매우 친해요. 그리고 그들은 매일 서로 싸워요.

▸ They are so friendly and fight each other everyday.
▸ 그들은 매우 친하고 매일 서로 싸우지요.

### 14-1 And, But, So로 문장 계속 연결하기 무한도전!

이번에는 게임 같은 연습을 할 것이다. And, But, So를 활용해서 계속 문장을 연결시키는 것이다. ~하고 ~해서 ~하는데 ~해서 ~하고……. 이런 식으로 무한 반복하는 것이다.

I watch a game channel but it sucks so I turn to another TV channel and it feels really good but I am so hungry and I want to go to a restaurant to have really good food but I've just got a phone call and it is a call from my girlfriend and she wants to see me so I have to go out of home to her and I am so happy to see her and go to a restaurant together.

나는 게임 채널을 본다 하지만 형편없다 그래서 나는 다른 채널로 바꿨다 그리고 그것 정말 좋다 하지만 나는 정말 배고프고 식당에 가서 진짜 맛있는 음식먹고 싶지만 전화가 왔다 그리고 그것은 내 여자친구로부터다 그녀는 날 보고 싶고 그래서 나는 집을 나가 그녀에게 가야 한다 그리고 나는 정말로 그녀 만나서 그리고 함께 식당에 가서 행복하다.

● it sucks: 형편없다

그저 생각의 흐름대로 계속 말을 이어보는 것이다. 준비됐는가?

**말 잇기 무한도전, One**

**말 잇기 무한도전, Two**

# 15 동사 또는 문장을 명사처럼 만들고 싶을 때

우리는 말을 하고 문장을 만들 때, 동사 또는 문장을 명사처럼 만들어 활용하곤 한다.

"나는 사과 먹는 것을 좋아한다."

"나는 그녀가 집에 오는 것을 좋아한다."

"스타플레이어가 된다는 것은 매우 어려운 일이다."

그렇다면, 영어로는 어떻게 동사와 문장을 명사처럼 바꿀 수 있는지 알아보자.

## 동명사: 동사 -ing

동사를 명사로 바꿔주는 가장 쉬운 방법은 동사에 ing을 붙이는 것이다.

| | |
|---|---|
| Talking | 말하는 것 |
| Talking to you | 너에게 말하는 것 |
| Talking to you frankly | 너에게 솔직히 말하는 것 |

| | |
|---|---|
| Working out | 운동하는 것 |
| Working out everyday | 매일 운동하는 것 |
| Working out everyday at the gym | 체육관에서 매일 운동하는 것 |

| | |
|---|---|
| Writing down | 적는 것 |
| Writing down my thoughts | 나의 생각을 적는 것 |
| Writing down my thoughts on the paper | 종이에 나의 생각을 적는 것 |

## 그렇다면 이러한 동명사를 가지고 문장을 만들어보자.

| | |
|---|---|
| Did you enjoy? | 너는 즐겼니? |
| Did you enjoy having a party tonight? | 너는 오늘밤 파티 보낸 것을 즐겼니? |
| Writing down my thoughts on the paper | 종이에 나의 생각을 적는 것 |

| | |
|---|---|
| She stopped. | 그녀는 멈췄다. |
| She stopped talking to the people. | 그녀는 사람들에게 말하는 것을 멈췄다. |

| | |
|---|---|
| It is always burdensome. | 그건 항상 부담스럽다. |

Speaking in front of many people is always burdensome.
사람들 앞에서 말하는 것은 항상 부담스럽다.

* burdensome: 부담스러운 / 힘든

Surviving in a Korean company means.  한국 회사에서 살아남는 것은 의미한다.

Surviving in a Korean company means spending lots of time.
한국 회사에서 살아남는 것은 수많은 시간을 썼다는 걸 의미한다.

Being told is sometimes more important than telling.
듣는 것은 때때로 말하는 것보다 더 중요하다.

* be told: 말하여지다 = 듣다 * more important: 더 중요한

만약 동명사 앞에 me / you / him / her / it / us / them 등의 대명사가 있으면 행동을 한 주어를 의미한다. 이 경우 지각동사 see, watch, look at, hear, listen to, smell, feel 등의 지각동사와 함께 사용된다.

• see: (일반적인) 보다 • watch: (긴시간 또는 주의를 기울여) 보다 • look: (고개, 눈을 이동시키며) 보다
• hear: (비의도적으로) 듣다 • listen to: (의도적으로) 듣다 • smell: (냄새) 맡다

| | |
|---|---|
| me talking | 내가 말하는 것 |
| me talking on the phone | 내가 전화로 말하는 것 |
| me talking on the phone yesterday | 내가 어제 전화로 말하는 것 |
| | |
| you working out | 네가 운동하는 것 |
| you working out at gym | 네가 체육관에서 운동하는 것 |
| you working out at gym with your friends | 네가 친구들과 체육관에서 운동하는 것 |

He heard it.　　　　그는 그것을 들었다.

He heard her talking bad about him.
그는 그녀가 그에 대해 안 좋은 점을 말하는 걸 들었다.

| | |
|---|---|
| I saw them walking. | 나는 그들이 걷는 것을 보았다. |
| I saw them walking hand in hand. | 나는 그들이 손잡고 걷는 것을 보았다. |
| | |
| I felt it coming. | 나는 그것이 오는 걸 느꼈다. |
| I felt it coming soon at the end of the year. | 나는 그것이 곧 연말에 오는 걸 느꼈다. |

• at the end of the year: 연말

여기서 한 가지 더, 대명사+동명사의 형태는 동사에 따라서 조금씩 다르기도 하다.

stop, prevent, keep과 같이 '(누가 뭐 뭐 하는 것을) 막다'라는 뜻을 가진 경우에는 '대명사+from+동명사'가 된다. 다음과 같이 말이다.

I stopped it from being made.　　나는 그것이 만들어지는 걸 막았다.

She tried to keep him from going to the show.
그녀는 그가 쇼를 보러 가는 것을 막았다.

The court prevents him from approaching to her.
법원은 그가 그녀에게 다가가는 것을 막는다.

● court: 법원 ● approach to: ~에 다가가다

## to부정사

동명사처럼 동사를 명사로 바꿔주는 또 다른 방법은 바로 to부정사이다.

to live as a writer　　　　　　작가로 사는 것

to work on weekends　　　　주말에 일을 하는 것

to take a nap　　　　　　　낮잠을 자는 것

● take a nap: 낮잠 자다

to watch 'show me the money'　'쇼미더머니'를 시청하는 것

to publish my own book　　　내 책을 출판한다는 것

● publish: 출판하다 / 발행하다

to have passion　　　　　　열정을 갖는 것

to drive your life with purpose　열정을 가지고 너의 삶을 이끄는 것

● drive: 운전하다 / 이끌다, 주도하다

to give a lecture in front of hundreds of people          수백 명 앞에서 강의를 하는 것

• give a lecture: 강연하다 • hundreds of: 수백 명의, thousands of: 수천 명의

to be able to play at least one playing instrument
적어도 악기 하나쯤을 연주할 수 있다는 것

• be able to: 가능하다 • playing instrument: 악기

to go jogging to the 한강 park every morning
매일 아침 한강 공원에 조깅을 가는 것

이런 식으로 수많은 동사 표현을 to부정사를 통해서 명사로 바꿀 수 있다. 그럼 to부정사 명사 표현을 활용해서 문장을 만들어보자.

To learn English is easy.                영어를 배우는 것은 쉽다.

To work out everyday is so important.     매일 운동하는 것은 매우 중요하다.

To take that pose looks so sexy.          그런 포즈를 취하는 것은 매우 섹시해 보인다.

왠지 주어가 좀 길어 문장이 둔해 보이지 않는가? 그래서 영어에서는 to부정사를 주어로 쓰고 싶을 때 to부정사를 맨 뒤로 빼고 원래 있던 자리에 가짜 주어(가주어) It을 놓는다.

It is easy to learn english.
쉬운 게 뭐냐면 영어 공부하는 거야.

It is so important to work out everyday.
엄청 중요한 게 뭐냐면 매일 운동하는 거지.

It looks so sexy to take that pose.
완전 섹시해 보이는 게 뭐냐면 그런 포즈를 잡는 거지.

이번에는 'to부정사 명사' 표현들을 목적어로 사용하는 사례를 알아 보자. 아마 당신이 아주 잘 알고 있는 표현들이 등장할 것이다.

I want to go to the park.
나는 공원에 가고 싶어.

I like to have some coffee.
나는 커피를 먹고 싶어.

I plan to see my friends to go to a 홍대 club.
내 친구를 만나서 홍대 클럽 가는 걸 난 계획했어. / 그럴 계획이야.

We hope to have out own house.
우리는 우리의 집을 갖길 희망한다.

She wishes to pass the entrance test.
그녀는 입학시험에 통과하길 희망해.

They expect to have a baby soon.
그들은 곧 아기 갖길 기대한다.

It needs to be done again.
그것은 다시 할 필요가 있다.

You promise to buy the car for me.
너는 내게 차를 사줄 거라 약속했어.

I agreed to sign the contract.
나는 계약에 사인하기를 동의했다.

Korean government decided to increase the interest rate.
한국 정부는 이자율 높이는 걸 결정했다.

● entrance test: 입학시험 ● contract: 계약 ● interest rate: 이자율

여기서 꼭 짚고 넘어가야 할 중요한 시사점이 하나 있다. 'to부정사 명사'는 앞으로 일어날 것과 관련된 수많은 동사(want, wish, hope, plan, like, need, promise, agree, decide 등)와 만나 사용된다는 것

151

이다. 이 표현들은 당신이 일상 속에서 영어를 구사할 때, 항상 사용된다. 그래서 '주어 + want + to 동사'를 따로따로 생각하지 말고, 하나의 주동으로 간주하고 연습하라 했던 것이다.

예컨대 I + want + to go to the movie 라는 문장에서 'I want to go(=I wanna go)'를 하나의 주동으로 말하고 글쓰는 연습을 하는 것이다. 위의 예문에서 보자면, 'I plan to see', 'She wishes to pass', 'They expect to have', 'It needs to be', 'You promise to buy', 'I agreed to sign', 'Korean government decided to increase'를 하나의 단위로 생각하는 것이다.

그렇다면 I want to do this를 '나는 네가 이것을 하기를 원해'라고 말하고 싶다면 어떻게 해야 할까?

정답은 you를 to do this 앞에 붙이는 것이다. 이것은 동명사(동사-ing)와 비슷한 부분이다.

I want you to do this.
나는 네가 이걸 하길 원해.

We need you to finish your work.
우린 '당신이 당신의 일을 끝내는 것이 필요해요.

He expected her to come to the party.
그는 그녀가 파티에 올 걸 기대했다.

I like my daughter to sleep early.
나는 내 딸이 일찍 잠들길 원해.

I wish you to succeed.
나는 네가 성공하길 빌어.


그런데 사역동사 부류의 동사들(make: ~하게 만들다 / ~하게 시키

다, have: ~하게 하다, let: ~하게 하다(허락의 의미), help: ~하게 돕
다)를 사용하는 경우엔 to를 붙이지 않는다.

I made my son clean up his room by himself.
나는 내 아들이 자기 방 혼자서 청소하게 시켰다.

● by himself: 혼자서

They made the system expect the current economic status exactly
그들은 그 시스템이 정확하게 현재의 경제 상황을 예측하도록 만들었다.

● current: 현재의 ● economic status: 경제 상황 / 현실

We've made the window automatically open and close.
우리는 이 창문이 자동으로 열리고 닫히도록 만들었다.

● automatically: 자동적으로

make가 강요의 느낌이 있다면, have는 강요의 느낌이 약하고 '누가
무엇하게 하다'의 의미다.

Isaac had Eleanor check the list of inventory.
아이작은 엘레너가 재고품 리스트 확인하게 했다.

● inventory: 재고

I had him take care of my garden.
나는 그가 내 정원을 돌보게 했다.

She had the company maintain the network system of her company.
그녀는 그 회사가 그녀 회사의 네트워크 시스템을 관리하게 했다.

한편 let은 '누가 (원할 시) 무엇을 하게 한다'는 허락의 의미다.

Hey man(이봐 자네)! Let it go(떨쳐버려)!

＊let it go: 여기서 it은 발목 잡고 있는 과거, 사건, 추억 등이 될 수 있다. 그것들 좀 가게 해보라는 뜻, 즉 떨쳐버리라는 말이다.

I let her stay at my home as long as she wants.

나는 그녀가 내 집에서 원하는 대로 머물 수 있게 했다.

＊as long as 주동: 누가 무엇을 하는 한은 / 대로

We let customers use wifi for free.
우리는 고객들이 공짜로 와이파이를 사용하게 한다.

＊for free: 공짜로

## 마지막으로 help는 '누가 무엇을 하게끔 돕다'는 뜻으로 사용한다.

We always help you succeed.
우리는 항상 당신이 성공하게 돕습니다.

I helped her do her homework yesterday.
나는 어제 그녀가 숙제를 하게 도왔다.

She helped her son understand what is right and what is wrong.
그녀는 그녀의 아들이 무엇이 옳고 무엇이 그른지 이해하도록 도왔다.

＊what is right: 무엇이 진실인지

## 문장을 명사로 만들기 I: 'that + 주동'

지금까지 동사를 명사로 바꾸는 것을 공부했다면, 이제는 문장을 명사로 만드는 것에 대해서 공부해보자. 문장을 명사로 바꾸는 첫 번째 방법은 'that+주동'이다.

that he committed a crime
그가 범죄를 저질렀던 것

that she is so happy
그녀가 정말로 행복한 것

that she loves me
그녀가 날 사랑한다는 것

that they are the best friends each other
그들이 서로 가장 소중한 친구라는 것

that Global economy will collapse
세계 경제가 무너질 것

that he is really good at teaching
그가 정말 가르치는 걸 잘하는 것

that BTS's become one of the most famous singers in the world
방탄소년단이 세계에서 가장 유명한 가수들 중 하나가 되었다는 것

that you try to read a book everyday
당신이 매일 책을 읽으려고 노력하는 것

that I'm gonna propose to her
내가 그녀에게 프로포즈할 거라는 것

that you have a really important meeting
당신이 정말로 중요한 미팅이 있다는 것

● commit: (범죄를) 저지르다 ● collapse: 무너지다

이러한 'that+주동'을 문장의 주어나 목적어로 활용해보자. 다음과 같이 말이다.

Every evidence shows that he committed a crime.
모든 증거는 그가 범죄를 저질렀던 것을 보여준다.

I am so happy to know that she is so happy.
내가 정말로 행복한 것은 그녀가 정말로 행복한 것을 알아서이다.

I heard from my friend that she loves me.

나는 그녀가 날 사랑한다는 것을 친구로부터 들었다.

We found out that they were the best friends each other.

그들이 서로 가장 소중한 친구라는 것을 우린 알아냈다.

He expects that Global economy will collapse.

그는 세계 경제가 무너질 것이라고 예상한다.

He told to everybody that he is really good at teaching.

그는 자신이 정말 가르치는 걸 잘한다고 모든 사람에게 말했다.

I'm 100% sure that BTS's become one of the most famous singers in the world.

나는 방탄소년단이 세계에서 가장 유명한 가수들 중 하나가 되었다는 것을 100% 확신한다.

I think that it is so important that you try to read a book everyday.

당신이 매일 책을 읽어보려는 것은 정말로 중요하다고 나는 생각한다.

So many people know that I'm gonna propose to her.

수많은 사람이 내가 그녀에게 프로포즈할거라는 걸 알고 있다.

You gotta understand that you have a really important meeting.

당신에게 정말로 중요한 미팅이 있다는 것을 당신은 이해해야 해요.

● every(단수명사): 매 / 모든 ● evidence: 증거 ● find out: 찾아내다 / 알아내다


## 문장을 명사로 만들기 II: '의문사 + 주동'

혹시 이번 장이 다른 장들에 비해서 좀 길어 도대체 언제 끝나나 싶은가? 자, 이제 마지막이다. 문장을 명사로 만드는 것은 'that+주동'만 있는 것이 아니다. '의문사+주동'을 가지고도 이야기할 수 있다.

의문사: what / who / how / how+형용사 / where / when / why

이러한 의문사들 뒤에 주동을 붙이면 다음과 같은 의미가 된다.


what+주동          무엇을 누가 뭐 뭐 하는지 / 누가 뭐 뭐 하는 것

who+주동           누굴 누가 뭐 뭐 하는지

how+주동          어떻게 누가 뭐 뭐 하는지

how 형용사+주동     누가 뭐 뭐 하는 게 얼마나 어떠한지

where+주동         어디에 누가 뭐 뭐 하는지

when+주동         언제 누가 뭐 뭐 하는지

why+주동          왜 누가 뭐 뭐 하는지


## what + 주동

what he's done           무엇을 그가 했는지 / 그가 했던 것

what I said            내가 무엇을 말했는지 / 내가 말한 것

what everyone agrees with    모든 사람이 무엇을 동의하는지 / 모든 이가 동의하는 것

what it is             그것이 무엇인지

what is the most important    무엇이 가장 중요한 것인지

• what이 주어가 될 수 있다.


## who + 주동

who he is playing with      그가 누구와 플레이하는지

who she is            그녀가 누구인지

who I was talking to       내가 누구와 말하고 있었는지

who we like           우리가 좋아하는 게 누군지

who you were          네가 누구였는지

• who가 주어가 될 수 있다.

## how + 주동

| | |
|---|---|
| how he loves me | 그가 날 어떻게 사랑하는지 |
| how we can do that work | 우리가 저 일을 어떻게 할 수 있는지 |
| how you do it | 어떻게 네가 그것을 하는지 |
| how he handle with the issue | 그가 어떻게 그 이슈를 다루는지 |
| how it goes | 그것이 어떻게 되어갈지 |

● handle with: ~를 다루다

## how 형용사 + 주동

| | |
|---|---|
| how much I love you | 내가 너를 얼마나 사랑하는지 |
| how many people there were at the club | 그 클럽에 얼마나 많은 사람이 있었는지 |
| how important you are to me | 당신이 나에게 얼마나 중요한지 |
| how great it is to make the project done | 프로젝트를 완료하게 만드는 게 얼마나 위대한 것인지 |
| how strong he is | 그가 얼마나 강한지 |

## where + 주동

| | |
|---|---|
| where I parked my car | 내 차를 어디에 주차했는지 |
| where we're staying | 우리가 어디에서 머물고 있는지 |
| where we're heading for | 우리가 어디를 향하고 있는지 |
| where you're from | 너가 어디 출신인지 |
| where you were born | 너가 어디에서 태어났는지 |

● park: (자동차)를 주차하다 ● head for: (어디)를 향하다

## when+주동

| | |
|---|---|
| when the show starts | 그 쇼가 언제 시작하는지 |

| | |
|---|---|
| when the war broke out | 그 전쟁이 언제 발발했는지 |
| when you're gonna come back | 네가 언제 돌아올 것인지 |
| when you have time | 네가 언제 시간이 있는지 |
| when they fought each other | 그들이 서로 언제 싸웠는지 |

● break out: (전쟁) 일어나다 / 발발하다

## why + 주동

| | |
|---|---|
| why he talks like that | 왜 그가 그런 식으로 말을 하는지 |
| why current economic problems happened | 왜 현재 경제 문제들이 일어났는지 |
| why it is so good | 왜 그것이 참 좋은지 |
| why I study so hard | 왜 내가 정말 열심히 공부하는지 |
| why I quit that job | 내가 왜 그 일을 그만두었는지 |

이제 지금까지 만들어봤던 '의문사+주동'을 활용해서 문장을 완성해 보자.

Please let him know what I said.
제가 무엇을 말했는지 그가 알게 해주세요.

You should follow what everyone agrees with.
너는 모든 사람이 동의하는 것을 따라야 한다.

I don't know what it is.
그것이 무엇인지 난 모른다.

I want you to tell me who he is playing with.
그가 누구와 플레이하는지 네가 나에게 말해줬으면 해.

Nobody knows who she is.
그녀가 누구인지 아무도 모른다.

You forgot who you were.
너는 네가 누구였는지 잊었다.

I'm gonna tell you guys how he loves me.
그가 날 어떻게 사랑하는지 너희에게 말해줄게.

Let's think about how we can do that work.
우리가 저 일을 어떻게 할 수 있는지 같이 생각해보자.

You should learn how he handle with the issue.
그가 어떻게 그 이슈를 다루는지 너는 배워야 한다.

I want you to know how much I love you.
내가 너를 얼마나 사랑하는지 네가 알길 바라.

It is so amazing how many people there were at the club.
얼마나 많은 사람이 그 클럽에 있었는지는 정말 놀랍다.

Everyone in the company understands how great it is to make the project done.
프로젝트를 완료되게 만드는 것이 얼마나 위대한 것인지 그 회사원 모두가 이해하고 있다.

Sometimes, I forget where I park my car.
내 차를 어디에 주차하는지 때때로 난 잊어버린다.

I want to know where you're from.
네가 어디 출신인지 나는 알고 싶다.

It doesn't matter where you were born.
네가 어디에서 태어났는지는 중요하지 않다.

• it matters: 그건 중요하다 / it doesn't matter: 그건 중요하지 않다

Now, I'll tell you when the war broke out.
그 전쟁이 언제 발발했는지 지금 말해줄게.

You didn't tell me when you were gonna come back.
네가 언제 돌아올 것인지 내게 말하지 않았다.

Please email me when you have time.
당신이 언제 시간이 있는지 제게 이메일 주세요.

I don't understand why he talks like that.
왜 그가 그런 식으로 말을 하는지 나는 이해가 안 된다.

We gotta know first why current economic problems happened.
우리는 먼저 왜 현재 경제 문제들이 일어났는지 알아야 한다.

Do you know why I study so hard?
왜 내가 정말 열심히 공부하는지 알아?

## 15-1 당신의 열정은 무엇인가?

마크 저커버그는 이렇게 말했다.

"뜨거운 열정보다 중요한 것은 지속적인 열정이다."

당신이 아무리 뜨거운 열정을 가지고 있더라도, 그것이 금방 식어버린다면 당신은 큰 목표를 달성하기 힘들다. 그것은 참된 열정이 아니다. 정말로 중요한 점은 지속적인 열정을 가지고 꾸준하게 당신의 목표를 추구하는 것이다. 꾸준하게 유지할 수 있는 열정, 그것이 진짜 열정이다. 따라서 나는 열정에 대해 다음과 같이 정의하고 싶다.

"열정이란 누가 시키지 않아도 꾸준히 자발적으로 하고 싶은 일이다."

열정은 자발성과 지속성이 뒷받침되어야 한다. 그렇지 못한 열정은 금새 식어버린다. 재미있게도, 누구나 열정 하나쯤은 가지고 있다. 나는 중학교 1학년 때 영어를 처음으로 시작했는데 영어에 대한 이해도가 중학교 때 이미 지금과 비슷한 수준이었다. 그 비결은 바로 나의 열정을 영어로 자연스럽게 공부했기 때문이다. 당시 나의 열정은 NBA였다. 영어로 된 미국 잡지들을 수집하고 밤늦게까지 공부하고 읽었다. NBA 각 구단의 전력, 트레이드 소식, 선수 스탯 등 하나부터 열까지 꿰고 있었다. 당시는 지금처럼 NBA 중계가 없었기 때문에 나는 영어로 중계되는 위성방송들을 들었다. 그리고 특이한 표현들이 들리면 노트에 적어놓고 나중에 찾아보곤 했다. 친구들은 항상 새로운 NBA 소식을 들으려고 내게 몰려왔다. NBA 원어 중계방송을 계속 듣다 보니 어느새 영어 귀와 말문이 트였고 친구들에게 영어를 가르쳐주기도 했다. NBA 덕분에 흑인 영어와 백인 영어 억양을 익힌 나는 지역 영어 대표로 나서 영어 연설도 많이 했다. 또한 깊이 있게 공부한 덕에, 중고등학교 거의 모든 영어 시험 듣기평가 및 토익, 텝스 듣기는 늘 만점이었고 중학교 때 이미 수능 영어 레벨을 넘어섰다.

당신의 열정은 무엇인가?
당신의 열정을 영어로 공부할 수 있다면 좋겠다.

아이작의 원 포인트 코칭

## 15-2 당신의 상상이 이루어지도록 만드는 마법

믿음이란 농부가 심은 씨앗이 '적절한 때가 되면 반드시 밑에서 움이 트고 수확을 만들어낸다'고 확신하는 것과 같다. 믿음이 강할수록, 미래에 펼쳐질 일들이 더욱 현실처럼 느껴진다. 마치, 아직 오지 않은 미래가 이미 현실에 왔다고 느끼는 것과 같다. 당신의 상상이 이루어지도록 하기 위해서는 그 상상을 현실처럼 느껴야 한다. 당신의 오감을 개방하여 상상한 것을 생생하게 느껴라. 그 과정에서 발생하는 감정을 솔직하게 받아들여라.

현실처럼 느끼는 것이란 구체적으로 어떤 걸까? 사람마다 각기 타고난 재능이 있다고 한다. 사람들이 본 내 소질과 재능은 바로 '말하기 스피치'

였다. 나는 초등학생 시절, 심각한 말더듬증이 있었다. 그 원인은 난독증이었다. 국민학교 3학년 때부터 나는 책을 못 읽었다. 책을 읽으면 말을 심하게 더듬거렸고 한 줄을 읽고 나면 바로 다음 줄이 아니라 두세 줄 아랫줄을 읽었다. 펼친 책은 나의 눈에는 전쟁의 소용돌이처럼 혼란스러웠다. 그런데 선생님은 꼭 나를 지목해서 책을 읽혔고 반 친구들은 깔깔깔 비웃었다. 선생님이나 친구들은 당시 축구부에서 활동하던 나의 학습 능력이 떨어지는 것과 공부 못하는 것을 당연하게 받아들였다.

하루는 수업 중 앞에 나가 발표를 하는데 너무나도 떨려 무슨 말을 하고 있는지도 모르고, 얼굴은 빨개지고, 말은 더듬고, 심장은 쿵쾅거렸다. 정말로 창피했다. 집에 가서 이불 속에 파묻혀 바보 같은 내 모습에 분노하며 펑펑 울었다. 속 시원하게 울고 나서, 미래의 내 모습을 상상해보기 시작했다. 그때는 너무나 미약했지만 미래의 내 모습은 정말 멋졌다.

수천 명의 사람들을 앞에 두고 강단에 올라, 하이라이트 조명을 받으며 열정적으로 스피치하는 나. 청중의 눈을 마주하고 교감하며 모두가 한마음 한뜻이 되도록 동기부여하는 나. 중요한 말을 강조할 때, 자연스러운 제스처로 진심을 다하는 나. 청중의 어떠한 질문에도 그 의도와 궁금증을 간파하여 원하는 대답, 더 일반화된 답변을 주는 나. 정해진 각본대로가 아닌, 청중과 무대 환경 등을 고려하여 최선의 방법으로 유연하게 강연하는 나. 말 한 마디, 한 호흡마다 영혼을 담아 의미를 전달하는 나!

이렇게 멋진 모습이 마치 현실처럼 생생하게 느껴졌다. 상상이었음에도 강연하는 열정, 수천 청중의 부담감, 그 앞에서 진심으로 이야기할 때의 공간의 울림, 이 모든 것이 이불 속에서 생생했다. 나는 상상 속 내 새로운 모습에 감격하여 이불 속에서 두 번째로 울었다. 이후 나는 상상 속 내 모습이 진짜 내 모습이라고 믿기로 했다. 그 생생한 느낌을 계속 간직하고 유지하며, 말을 잘하기 위해 끊임없이 노력했다. 나는 말더듬증을 극복하고 싶었다. 내 현재의 모습에 대한 남들의 평가대로 나의 잠재력을 부인당하고 싶지 않았다. 말더듬증을 극복하기 위해서 거의 10년을 치열하게 노력했다. 그 결과, 말더듬증을 완벽하게 극복했고, 수백 명 앞에서도 떨지 않고 진심을 다해 나의 이야기를 전달하는 강연가가 되었다. 상상을 현실로 느끼는 것이 상상을 현실화하는 데 얼마나 중요한지 깨달은 경험이었다.

동사 또는 문장을 형용사로 만들고 싶을 때

앞 장에서 '무엇하다 / 누가 무엇하다' 동사 또는 문장을 '무엇하는 것 / 누가 무엇하는 것'과 같이 명사로 만드는 공부를 했다. 이번 장에서는 동사와 문장을 형용사로 만드는 공부를 해보자.

'운전하다 / 이끌다'를 뜻하는 동사 drive를 활용해서 어떤 형용사를 만들어낼 수 있을까? 먼저 우리말로 생각해보자.

운전하고 있는 차

운전되는 차

운전할 차

운전될 차

그가 운전하는 전기차

그가 추진하는(이끄는) 프로젝트

목적에 의해 이끌어지는 내 삶

그가 추진했던 일

내가 강력하게 이끌었던 팀부서


이 표현들을 현재분사(동사-ing), 과거분사(동사-ed), to부정사, that 주동, 의문사 주동을 이용해 모두 만들 수 있다. 하나씩 하나씩 알아보자.


## 현재분사와 과거분사에 의한 형용사 만들기

현재분사는 '동사-ing'의 형태를 가지며 '무엇 하는 / 무엇 하고 있는'과 같이 능동과 진행의 의미를 가진다. 과거분사는 '동사-ed'의 형태로 '무엇 되는'과 같은 수동의 의미를 가진다. 따라서 크게 능동의 의미인지 수동의 의미인지에 따라 현재분사를 써야 할지 과거분사를 써야 할지를 선택하면 된다. 매우 쉽다.


예를 들어보자.

'잠을 자는 아기'는 능동의 의미이니까, Sleeping baby다. 반면에 '깨진 유리창'은 수동의 의미이니까, Broken window다.

● broken: break의 과거분사


'그는 참 따분해'는 그가 따분하게 하는 타입이라는 능동의 의미를 가지므로 He is so boring이 된다. 그런데 '그가 재미없는 영화 때문에 따분하다(따분해졌다)'와 같이 수동의 의미라면 He is bored가 된다.

● bore: 따분하게 하다, boring: 따분한(따분하게 하는), bored: 따분한(따분해진)

'누워 있는 남자'는 능동이니까 Lying man, '눕혀진 남자'는 수동이 니까 'Laid man'이다.

● lie: 눕다 / lay: 눕히다 / lie: 눕다
● lying: 누운 / 누워 있는
●lay: 눕히다 ● laid: 눕혀진

여기서 잠깐, 앞서 '잠을 자는 아기'는 Sleeping baby인데, '엄마 품 에서 잠을 자는 아기'는 어떻게 표현해야 할까? Sleeping in mom's arms baby인가? 아니나! '엄마 품에서'와 같이 현재분사에 추가적인 말들이 붙을 때는 명사 뒤에서 수식을 한다. Baby sleeping in mom's arms. 과거분사도 마찬가지다. '깨진 유리창'이 Broken window라면, '돌맹이에 깨진 유리창'은 Window broken by a stone이다.

이제, 현재분사와 과거분사를 형용사로 해서 문장들을 만들어보자.

### Amaze: 놀라게 하다 – amazing: 놀라운(놀랍게 하는) – amazed: 놀란

The person amazed by today's news is now taking a rest.
오늘의 뉴스에 놀란 그 사람은 지금 휴식을 취하고 있다.

It is amazing to do such a work.
그런 일을 하는 것이 놀랍다.

● take a rest: 휴식을 취하다 ● such a: 단수명사 / such 복수명사 그런 ~

### roll: 구르다 / 굴리다 – rolling: 구르는 – rolled: 굴려진

There is a soccer ball rolling into the empty space.
빈 공간으로 구르는 축구공이 있다.

A big snow ball rolled by her is coming.
그녀에 의해 굴려진 큰 스노우볼이 오고 있다.

### increase: 증가하다 / 증가시키다 – increasing: 증가하는 – increased: 증가된

So many people are worrying about the increased interest rate.
많은 사람이 증가된 이자율에 대해 걱정하고 있다.

Increasing number of refugees could be a new threat to our society.
증가하는 난민들은 우리 사회에 새로운 위협일 수도 있다.

● worry about: ~에 대해 걱정하다 ● increasing number of ~ : 증가하는 수의 ~ ● threat: 위협

### interest: 재미있게 하다 – interesting: 재미있는 – interested: 재미를 느끼는 / 관심 있는

It is very interesting that she loves him.
그녀가 그를 사랑하는 것은 매우 재미있다.

I am very interested in writing.
나는 쓰기에 매우 재미를 느낀다.

● be interested in: ~에 재미를 느끼다 / 관심 있다

### wait: 기다리다 – waiting: 기다리는

This is the waiting room.
여기가 기다리는 방(대기실)입니다.

I was so sorry to her waiting for me for an hour.
나는 한 시간 동안 나를 기다린 그녀에게 정말 미안했다.

● wait for: (누구를) 기다리다

### exist: 존재하다 – existing: 기존의

Everyone is interested in his existing health condition.
모두 그의 기존 건강상태에 관심이 있다.

● health condition: 건강상태

**consume : 소진하다 – consuming : 소진하는**

Try to run away from time-consuming works if possible.
가급적이면, 시간을 소진하는 일로부터 도망쳐보세요.

● run away: 도망치다 ● time-consuming: 시간을 소진하는 ● if possible: 가급적이면 / 가능한 대로


## to부정사에 의한 형용사 만들기

현재분사가 '무엇 하는 / 무엇 하고 있는'이라는 능동 / 진행의 뜻을 가지고 있고 과거분사가 '무엇 되는'이라는 수동의 뜻을 가지고 있다면, to부정사에 의한 형용사는 '무엇 할'이라는 미래지향의 뜻을 가지고 있다. to부정사에 의한 형용사는 언제나 명사 뒤에서 수식한다.


| | |
|---|---|
| something to eat | 먹을 것 |
| something to read | 읽을 것 |
| a sheet of paper to write something on | 뭔가를 쓸 종이 한 장 |
| the ability to read a book fast | 책을 정말 빨리 읽을 능력 |
| the bus to take | 탈 버스 |
| a lot of money to use | 사용할 큰 돈 |
| the destination to go to | 갈 목적지 |
| a homework to finish tonight | 오늘 밤 끝낼 숙제 하나 |
| English sentences to translate | 번역할 영어 문장들 |
| A house to live in | 살 집 |


이제 to부정사를 형용사로 사용한 문장들의 사례를 공부해보자.

Do you want something to eat?

너는 먹을 것을 원해? / 너 뭐 좀 먹을래?

I always carry something to read.

나는 항상 읽을 것을 들고 다닌다.

Everybody! Please take out a sheet of paper to write something on.

모두들! 뭔가를 쓸 종이 한 장 꺼내세요.

She had the ability to read a book fast.

그녀는 책을 정말 빨리 읽을 능력이 있었다.

I've just missed the bus to take.

나는 방금 탈 버스를 놓쳤다.

We have a lot of money to use.

우리는 사용할 큰 돈을 가지고 있다.

Please tell me the destination to go to.

저에게 갈 목적지를 말해주세요.

I have a homework to finish tonight.

나는 오늘 밤 끝낼 숙제 하나가 있다.

He is struggling with English sentences to translate.

그는 번역할 영어 문장들로 괴로워하고 있다.

I want to buy a house to live in.

나는 살 집을 사고 싶다.

● carry: 가지고 다니다 ● take out: 꺼내다 ● ability: 능력 ● struggle with: (무엇)으로 괴로워하다

## 'that 주동'에 의한 명사 수식: 관계대명사

수많은 사람이 영어를 공부할 때, 관계대명사에서 막힌다고 하소연한다. 단어 앞에서 수식하는 우리나라 문법과 달리 단어의 뒤에서 수식하는 영어 문법이 너무 복잡하다는 것이다. 하지만 걱정하지 마라. 영어를 언어로 보면 문제가 해결된다. 영어를 모국어로 사용하는 사람들

은 관계대명사를 이용해서 명사 뒤에서 수식하는 것에 불편해하지 않는다. 그들은 뒤에서 수식하는 것이 거꾸로 되었다고 생각하지 않는다. 왜 그럴까?

"영어가 모국어니까 그렇죠!"

"당연히 그들에게 자연스럽고 당연한 것이잖아요!"

당신은 이처럼 말할지 모른다. 그런데 내 질문 의도는 명사를 뒤에서 수식하는 것이 원어민들에게 왜 자연스럽고 당연하냐는 것이다.

영어는 언어다. 언어의 목적은 무엇인가? 언어는 당신의 생각을 전달하는 것이다. 관계대명사의 목적은 '앞에 있는 단어를 뒤에서 수식'하는 것이 아니다. 앞에서 당신이 말한 생각과 그 뒤에 자연스럽게 당신의 머릿속에 떠오른 생각을 관계 / 연결해주기 위한 것이다. 그것이 관계대명사의 핵심이다. 따라서 관계대명사 'that 주동'이 나올 때, 원어민들은 'that 주동'이 앞에 있는 단어를 어떻게 수식하는지가 아니라 그다음은 무엇인지를 생각한다. 즉, 원어민들은 관계대명사 'that 주동'을 거꾸로 해석할 필요가 없는 것이다. 이것이 일상 속에서 원어민들이 사용하는 언어로서의 영어다! 영어는 시험 과목이기 이전에 언어다. 만약 '거꾸로 해석해야 하는 복잡한 관계대명사'에 대한 선입견이 있다면 이제부터 그것을 깨뜨리고 버리자.

우리는 이런 식으로 연이어 말을 한다.

[생각 1] I love my puppy.　　　　　　나는 내 강아지를 사랑해.

[생각 2] My puppy is very energetic.　　그놈은 매우 활발하지.

첫 번째 문장의 끝나는 말과 두 번째 문장의 말이 같다. 즉, 첫 번째로 전달한 생각에 두 번째 생각을 연결한 것이다. 이렇게 꼬리에 꼬리를 물어 생각을 전달하기 위해 존재하는 것이 관계대명사이다.

I love my puppy that is very energetic!

굳이 번역하자면 이런 느낌이다.

'나는 내 강아지를 사랑해, (그 강아지) 정말 활발하거든!'

하지만 'that 주동'을 꼭 거꾸로 해석할 필요는 없다. 또 다른 예를 들어보자.

[생각 1] Mama, I want the toy.　　　　　　엄마, 나 그 장난감 가지고 싶어.

[생각 2] You promised to buy the toy for me.　그 장난감, 엄마가 내게 사준다고 약속했잖아.


마트에서 종종 볼 수 있는 엄마와 자녀의 흔한 대화다. 자녀는 지금 '그 장난감'에 꽂혀서 '그 장난감'에 대한 두 가지 생각을 꼬리를 물고 전달하고 있다. 이럴 때 관계대명사를 활용한다.

Mama, I want the toy that you promised to buy for me.

엄마, 나 그 장난감 가지고 싶어, (그 장난감) 사준다고 했잖아.


이렇게 하나의 단어를 가지고 꼬리를 물어 새로운 생각, 새로운 문장을 연결할 때 that을 쓰면 된다. 엄청 간단하지 않은가? 계속해서 관계대명사 'that 주동' 사례들을 가지고 공부해보자.

[생각1] I bought this smart phone.　　　　　나 이 스마트폰 샀어.

[생각2] You recommended this smart phone to me. 이 스마트폰, 네가 내게 추천해줬어.

▸I bought this smart phone that you recommended to me.

　나 이 스마트폰 샀어, 네가 나에게 추천해준 거.


[생각1] Have you finished reading the book?　너 그 책 읽는 것 끝냈어?

[생각2] I gave you the book.　　　　　　　그 책, 내가 너한테 줬어.

▸Have you finished reading the book that I gave you?
　너 그 책 읽는 것 끝냈지, 내가 준 거 말이야?


[생각1] Sometimes, I really miss her.　　　때때로 나는 정말 그녀가 그리워요.

[생각2] I dated her for 10 years.　　　　나는 그녀를 10년 동안 데이트했지요.

▸Sometimes, I really miss her that I dated for 10 years.
　때때로 나는 그녀가 정말 그리워요, 그녀와 10년 동안 데이트했었죠.


　관계대명사를 통해 두 문장 혹은 두 생각을 연결하는 대상은 사람일 수도 있고 사물일 수도 있다. 사람인 경우 that을 who(주격 관계대명사) / whom(목적격 관계대명사)으로 바꿔 쓸 수도 있다. 사물일 경우 that을 which로 바꿔 쓸 수 있다.

•주격 관계대명사는 관계대명사가 주어로 사용되는 경우이고, 목적격 관계대명사는 관계대명사가 목적어로 사용되는 경우이다.

[생각1] I met a strange person this morning.　오늘 아침 이상한 사람을 만났어.

[생각2] The strange person was walking in a very strange way.
　　　　그 이상한 사람은 진짜 이상한 식으로 걷고 있었어.

▸I met a strange person this morning who was walking in a very strange way.
　나 오늘 아침 이상한 사람 만났는데, 진짜 이상하게 걷고 있었어.

[생각 1] Lionel Messi is one of the soccer players.
리오넬 메시는 축구선수 중 한 명이야.

[생각 2] We can't blame the soccer players.
우린 그 축구선수를 비난할 수 없지.

▸ Lionel Messi is one of the soccer players whom we can't blame.
리오넬 메시는 축구선수 중 한 명인데, 우리가 비난할 수 없는 선수지.

[생각 1] Hey, bro! Give me the ball.          이봐 브라더! 공 좀 줘봐.

[생각 2] You have the ball.          너는 그 공을 가지고 있어.

▸ Hey, bro! Give me the ball which you have.
이봐 브라더! 공 좀 줘, 가지고 있는 거.


하나 더 말하자면, 목적격 관계대명사는 생략이 가능하다! 당신 마음대로 생략하든가 말든가 하라! 당신에 대해서 한 가지 예언하자면, 관계대명사가 익숙해지고 나면 목적격 관계대명사는 거의 대부분 생략할 것이다. 왜냐하면 그게 편하니까!


Hey, bro! Give me the ball which you have.
▸ Hey, bro! Give me the ball you have.

Sometimes, I really miss her that I dated for 10 years.
▸ Sometimes, I really miss her I dated for 10 years.

Have you finished reading the book that I gave you?
▸ Have you finished reading the book I gave you?

Mama, I want the toy that you promised to buy for me.
▸ Mama, I want the toy you promised to buy for me.

I bought this smart phone that you recommended to me.
▸ I bought this smart phone you recommended to me.

# '의문사 주동'에 의한 생각 연결하기: 의문사

관계대명사를 이해했다면, 의문사는 덤이다! 원리는 완전 똑같으니까 말이다. 관계대명사는 that을 이용해서 끝말로 두 가지 생각을 연결했다. 만약 그 끝말이 사람이면 who / whom, 사물이면 which였다. 그런데 그 끝말이 시간이라면? that 대신에 when을 쓰면 되고, 장소라면 where을 쓰면 되고, 이유라면 why를 쓰면 되고, 방법이라면 how를 쓰면 된다. 이게 의문사의 전부다! 쉽다! 예문을 가지고 하나씩 공부해보자.

## when 주동

[생각1] The time will come.　　　　　　　그때가 올 거다.

[생각2] South Korea and North Korea　　그땐, 한국과 북한이 통일이 된다.
　　　　are united at the time.

▸ The time will come when South Korea and North Korea are united.
　그때가 올 거다, 한국과 북한이 통일되는 날 말이다.

● 주어가 커졌기에 when South Korea and North Korea are united를 뒤로 뺐다.

[생각1] Please let me know the date!　　　날짜 좀 제게 알려주세요!

[생각2] On the date, we will have a conference.　그때, 우리 컨퍼런스해요.

▸ Please let me know the date when we will have a conference!
　날짜좀 알려주세요, 컨퍼런스하는 날이요!

## where 주동

[생각1] Where is the restaurant?　　　　그 식당 어디예요?

[생각2] In the restaurant, you made a　　그 식당에서 당신이 그녀에게 청혼했어요.
　　　　proposal to her.

▸ Where is the restaurant where you made a proposal to her?
　그 식당 어디죠, 그녀에게 청혼했던 곳이요?

● make a proposal to: (누구에게) 프로포즈하다

175

[생각 1] I like to dance at such a place.
나는 그런 장소에서 춤추는 것을 좋아한다.

[생각 2] At such a place, So many peopledance together.
그런 장소에서, 수많은 사람이 함께 춤을 춘다.

▸ I like to dance at such a place where so many people dance together.
나는 그런 장소에서 춤추는 것을 좋아한다, 정말 많은 사람이 춤추는 곳 말이다.


## why 주동

[생각 1] Could you please explain the reason?　　　그 이유를 설명할 수 있을까요?

[생각 2] For the reason, you quit working.　　　그 이유 때문에, 일 그만뒀잖아요.

▸ Could you please explain the reason why you quit working?
▸ Could you please explain (the reason) why you quit working.

그 이유를 설명할 수 있을까요, 일 그만둔 이유요?

● the reason why를 함께 말해도 되지만, the reason을 생략해도 된다. 왜냐하면 'why 주동' 자체가
'왜 누가 무엇을 하는지'라는 명사가 되기 때문이다.

[생각 1] Many business men lose their motivation.
많은 비즈니스맨이 그들의 동기를 잃는다.

[생각 2] With the motivation, they started their work.
그 동기를 가지고 그들은 일을 시작했다.

▸ Many business men lose their motivation why they started their work.
많은 비즈니스맨이 그들의 동기를 잃는다, 그들이 일을 시작했던 동기 말이다.


## how 주동

[생각 1] Their task is to find the method.
그들의 과제는 방법을 찾는 것이다.

[생각 2] In the method, they solve their difficult problem.
그 방법으로, 그들은 어려운 문제를 해결한다.

● task: 과제 ● method: 방법

176

▸ Their task is to find the method how they solve their difficult problem.
그들의 과제는 방법을 찾는 것인데 그들의 어려운 문제를 해결하는 방법이다.

▸ Their task is to find (the method) how they solve their difficult problem.

▸ Their task is to find how to solve their difficult problem.

• the method how 중에서, the method를 생략해도 된다. How에 이미 방법이라는 의미가 포함되어 있기 때문이다. 또한 'how 주동'을 'how to 동사'로 바꿀 수 있다. 의미는 똑같다.


[생각 1] Please let me know the way.
제게 방법을 알려주세요.

[생각 2] In the way, I can visualize big data.
그 방법으로 저는 빅데이터를 시각화할 수 있어요.

▸ Please let me know (the way) how I can visualize big data.
제게 방법을 알려주세요, 어떻게 빅데이터를 시각화할 수 있을지요.


## 16-1 무한 뒷말 잇기 도전!

이번 장에서 공부한 모든 것을 총동원해서 무한 뒷말 잇기를 해보자. 무한 뒷말 잇기를 하다 보면, 단어를 뒤에서 수식하는 것이 정말 별거 아님을 알게 될 것이다. 왜냐하면 생각을 연결하는 것에 불과하기 때문이다. 관계대명사와 의문사는 뒤에서 명사를 수식한다는 강박관념을 버리자. 생각의 흐름에 집중하자.

### (예시 1) 좀 짧은 뒷말 잇기

I wrote a bestseller book that I wrote about Korea education where many students don't ask questions to their teachers who teach in just one way.

나는 베스트셀러 책을 썼는데 한국의 교육에 대해서 쓴 것이다. 한국의 교육에서는 학생들이 선생님들에게 질문하지 않는다, 선생님들은 단지 일방적으로 가르친다.

177

## (예시 2) 좀 긴 뒷말 잇기

I saw a bird flying in the sky which shines in bright blue color that I've loved so much since young when I first started learning colors and letters which I could draw on the big sketch book that I always carried to the school where I met lots of my friends who really liked playing sports.

나는 하늘에서 날고 있는 새 한 마리를 보았는데 하늘은 밝은 파란색으로 빛나고 있었고 파란색은 어린 시절부터 정말로 좋아했던 것이다. 그 어린 시절에 나는 처음 색깔과 문자들을 배우기 시작했는데 그것들을 큰 스케치북에 그릴 수 있었다. 그 스케치북은 내가 항상 학교에 들고 갔던 것인데 학교에서 나는 많은 친구를 만났고 그들은 운동하는 것을 정말 좋아했다.

이런 식으로 당신의 생각을 무한 잇기해보라!

# 17 생각 잇기 II: 생각의 부족한 부분을 채우는 방법
## : to부정사 / 동명사 / 종속접속사

앞서 등위접속사 and, but, so를 통해 생각을 연결하는 것과 관계대명사, 의문사를 통해 꼬리에 꼬리를 물고 생각을 연결하는 것에 대해서 공부했다. 그런데 이게 다가 아니다. 이번 장에서는 당신이 어떤 생각을 말이나 문장으로 전했을 때 어떻게 부족한 부분을 채울 수 있을지에 대해서 공부할 것이다. 당신이 이미 알고 있는 to부정사와 동명사를 통해서 그리고 종속접속사를 통해서 말이다.

### to부정사, 부사적 용법에 대해서

앞서, to부정사는 동사를 명사로 만들기도 했고 동사를 형용사로 만들기도 했다. 그런데 to부정사가 동사를 부사로도 만든다! 이때 to부정사는 부족한 생각을 추가해주는 역할을 한다. 게다가 명사로서의 to부정사, 형용사로서의 to부정사보다 부사로서의 to부정사가 훨씬 더 많이 사용된다는 사실. 이참에 잘 배워놓으면 요긴하게 사용할 수 있을 것이다.

to부정사의 부사적 용법을 다루기 전에 먼저 전치사로 사용되는 to에 대해서 알아보자.

| | |
|---|---|
| I am going to school. | 나는 학교에 가고 있어. |
| She took him to her boss. | 그녀가 그를 보스에게 데려갔어. |

위 두 문장에서 'to'는 어떤 행동을 함으로써 도달하게 될 장소 / 대상을 의미힌다. 첫 번째 문장은 가고 있다 보니 학교에 도착하는 것이고 두 번째 문장은 그를 데리고 갔는데 그녀의 보스에게 가는 것이다.

to부정사의 부사적 용법 또한 전치사로서의 to와 비슷한 부분이 있다. 즉, 뭔가를 하고 '그래서 뭘 하는지'에 대한 생각을 추가할 경우에 to부정사를 사용할 수 있다. 다음 예를 보자.

| | |
|---|---|
| I went to a 감자탕 restaurant. | 나는 감자탕집에 갔어. |
| I went to a 감자탕 restaurant to eat 감자탕. | 나는 감자탕집에 가서 감자탕을 먹었어. |

위 문장에서 볼 수 있듯이, 감자탕집에 갔다는 사실 이후 뭘 했는지를 설명하기 위해서 to부정사를 활용했다. 사실, 'I went to a 감자탕 restaurant' and / so 'I ate 감자탕'과 같이 등위접속사 and나 so를 사용해 생각을 연결해도 된다. 그런데 to부정사를 통해 더 간단하게 표현할 수 있는 것이다.

| | |
|---|---|
| I will go to Everland tomorrow. | 내일 에버랜드에 갈 거야. |
| I'm gonna go to the library. | 나는 도서관에 갈 거야. |

I'm gonna go to the library to study for exam and stay up the whole night.
나는 도서관에 가서 시험공부하고 밤샐 거야.

● study for exam: 시험공부하다 ● stay up the whole night: 밤새다

181

I slept so early last night.　　　　어젯밤 매우 일찍 잤다.

I slept so early last night to wake up so early this morning.
어젯밤 매우 일찍 자서 오늘 아침 매우 일찍 일어나고자 했다.


I sang and danced.　　　　　　나는 노래하고 춤췄다.

I sang and danced to make her happy.
나는 노래하고 춤춰서 그녀를 행복하게 하고자 했다.


I bought a new iPhone.　　　　나는 새 아이폰을 샀다.

I bought a new iPhone to become an early-adopter.
나는 새 아이폰을 사서 얼리어답터가 되고자 했다.


Many Lakers' fans got shocked by how much money Lebron James was getting paid.
수많은 레이커스 팬은 르브론 제임스가 얼마나 많은 돈을 받고 있는지에 대해 충격을
먹었다.

Many Lakers' fans got shocked by how much money Lebron James was getting paid
to lose in such a sloppy way.
수많은 레이커스 팬은 르브론 제임스가 얼마나 많은 돈을 받고 있는데, 그런 식으로
형편없이 경기에 지는 것에 충격을 먹었다.

● get paid: 지불받다 ● sloppy: 형편없는 / in such a sloppy way: 그렇게 형편없게


All videos in my YouTube channel have been edited.
내 유튜브 채널의 모든 비디오는 편집되었다.

All videos in my YouTube channel have been edited to follow the guideline of YouTube.
내 유튜브 채널의 모든 비디오는 편집되어 유튜브 가이드라인을 따르게 했다.

● follow: (규정 / 법)을 따르다

The former US military officer revealed the real fact about the bribe issue.

전 미국 군대 관료는 뇌물 이슈에 대한 진짜 팩트를 밝혔다.

The former US military officer revealed the real fact about the bribe issue to reform the US military administration.

전 미국 군대 관료는 뇌물 이슈에 대한 진짜 팩트를 밝혀 미국 군대 행정을 개혁하고자 했다.

● officer: 정부 기관이나 큰 조직체의 주요 직책에 있는 사람 ● reveal: 밝히다 / 드러내다 ● the former- : 전-
● bribe: 뇌물 ● administration: 행정

한편, to부정사는 감정을 갖게 된 이유를 표현하기도 한다.

| | |
|---|---|
| I'm happy. | 나는 행복하다. |
| I'm happy to see you. | 나는 널 봐서 행복해. |
| He was shocked. | 그는 충격받았다. |
| He was shocked to hear the news. | 그는 그 뉴스를 들어서 충격받았다. |
| We are so pleased. | 우린 참 기쁘다. |
| We are so pleased to make it done. | 우리는 그 일을 끝내서 참 기쁘다. |

● make it done: 그것을 끝내다

# 현재분사(동사 -ing)의 부사적 용법

walking(걷고 있는), doing(하고 있는), showing(보여주고 있는)처럼, 현재분사는 현재진행의 의미를 가지고 있다. 현재분사를 활용해서 문장에 동시에 일어나고 있는 이야기를 추가해보자.

| | |
|---|---|
| I'm so busy now. | 나 지금 정말 바빠. |
| I'm so busy now doing my work. | 나 일하고 있어서 지금 정말 바빠. |

정말 바쁘다는 사실에 동시에 뭘 하고 있는지 현재분사를 통해 추가했다.

| | |
|---|---|
| They're wasting lots of time. | 그들은 많은 시간을 낭비하고 있다. |
| They're wasting lots of time just watching sports channel. | 그들은 그저 스포츠 채널을 보면서 많은 시간을 낭비하고 있다. |

● waste: 낭비하다

마찬가지로 많은 시간을 낭비한다는 사실에 동시에 뭘 하고 있는지를 현재분사를 통해 추가했다. 다음 추가 예문들을 보자.

| | |
|---|---|
| I thought of my ex-boyfriend. | 나는 전 남자 친구를 생각했다. |
| Dating my boyfriend, I thought of my ex-boyfriend. | 남자 친구와 데이트를 하면서, 나는 전 남자 친구를 생각했다. |

● 이와 같이 동시에 일어나는 이야기를 문장 앞에 배치해도 된다.

| | |
|---|---|
| Now, the new President stands on the stage. | 자, 새로운 대통령이 무대 위에 섭니다. |
| Now, the new President stands on the stage, showing his signature victory pose. | 자, 새로운 대통령이 무대 위에 섭니다. 그만의 승리 포즈를 보여주고 있군요. |

| | |
|---|---|
| A typhoon is coming to Korean peninsula. | 태풍 하나가 한반도에 오고 있습니다. |
| A typhoon is coming to Korean peninsula, becoming bigger and bigger. | 태풍 하나가 한반도에 오고 있는데요, 세력이 점점 더 커지고 있습니다. |

● Korean peninsula: 한반도

한 가지 더!
to부정사의 부사적 용법과 현재분사의 부사적 용법의 차이가 헷갈릴

지도 모르겠다. to부정사가 '다음에 뭐 / 그래서 뭐'에 대한 이야기를 추가하는 것이라면 현재분사는 '동시에 뭐'에 대한 이야기를 추가한다는 것이 차이다. 매우 쉽다!

## 종속접속사

하나의 문장 안에서 시간, 이유, 결과, 대조, 가정 등의 다양한 정보를 추가할 때 사용한다.

### '시간 정보' 종속접속사

'시간 종속접속사+주동'을 통해 구체적인 시간 정보를 추가할 수 있다. 수많은 시간 종속접속사가 있다. 그중 일상에서 사용 빈도가 높은 것을 다루려고 한다. 전체를 공부해야 하지 않겠냐고? 걱정하지 마라. 영어를 계속 공부하다 보면 결국 다 자연스럽게 구사하게 될 테니까.

**After 주동: ~한 후에**

Please use this after I first test it.
이것을 사용하세요, 내가 먼저 테스트한 후에요.

Can you give the book after you read it?
그 책 나한테 줄 수 있지, 네가 그것 읽고 나서 말이야.

**Before 주동: ~하기 전에**

I spent a lot of time with her before sun rose.
나는 그녀와 정말 많은 시간을 보냈어요, 해가 뜨기 전에요.

• rose: (해가) 뜨다

He was known as 'Momentee' before he was called 'Loopy'.

그는 '모멘티'로 알려졌다, 그가 '루피'로 알려지기 전에는 말이다.

● be known as: ~로 알려지다

## When 주동: ~할 때

'When 주동'은 시간 정보 종속접속사 중에서 제일 많이 사용한다.

I'm gonna go out to play tennis when you sleep.

나는 나가서 테니스 칠 거예요, 당신이 잠들 때요.

I think that this'll work really well when you get really tired.

내 생각에 이것이 정말 효과가 있을 것이다, 무지 피곤할 때 말이다.

● I think that 주동: ~라고 생각하다 / 내 생각에는 ~예요.

## As 주동: (동시에) ~할 때

When과 같이 '~할 때'로 해석할 수 있지만, As는 '동시에 무언가를 한다'는 느낌이 더 강하다.

A big airplane flew over my head as I heard the sound.

큰 비행기가 내 머리 위로 날았다, 딱 내가 그 소리를 들었을 때 말이다.

Say "done" immediately as it beeps.

즉시 "다 했다"고 말해라, 삐소리 날 때.

● immediately: 즉시 ● beep: 삐 소리나다

## As soon as 주동: ~하자마자

My manager asked me to do another work as soon as I started doing my work.

내 매니저는 내게 또 다른 일을 하라고 요청했어요, 딱 내 일을 시작하자마자요.

As soon as I quit my job, I got a new job offer.

일을 그만두자마자, 새로운 일을 제안받았다.

## Whenever 주동: ~할 때마다

I first drink coffee whenever I come back home.
나는 먼저 커피를 마셔요, 집에 도착할 때마다요.

It seems like that I travel to an imaginary world whenever I write something.
마치 상상의 세계에 여행하는 것 같다, 뭔가를 쓸 때마다 말이다.

## since 주동: ~할 때부터

I've played golf since I was young.
저 골프 쳤어요, 어렸을 때부터요.

Apple's total annual profit has plummeted since Steve Jobs was ousted from Apple.
애플의 총 연수익은 곤두박질쳤다, 스티브 잡스가 애플로부터 쫓겨나고부터 말이다.

## until 주동: ~할 때까지

Please wait for me in front of the front door until I get out of the building.
정문 앞에서 날 기다려주세요, 제가 건물 밖으로 나올 때까지요.

## while 주동: ~하는 동안

I just go to the library and to my house, while I'm gearing up for the exam.
나는 단지 도서관과 집에만 간다, 시험을 준비하는 동안에는 말이다.

Everybody, hide yourself while I count from one to ten.
여러분 숨어요, 내가 1부터 10까지 세는 동안에요.

## as long as 주동: ~ 하는 한

Do what Koreans do as long as you are in Korea.
한국 사람들이 하는 것을 해라, 네가 한국에 있는 한 말이야.

I feel happy too, as long as she feels happy.
나도 역시 행복하다, 그녀가 행복해하는 한 말이다.

## '원인 정보' 종속접속사

### because 주동: ~때문에

He couldn't take the exam because he was late.
그는 시험을 칠 수 없었다, 그가 늦었기 때문에 말이다.

The US Society changed completely because 9 / 11 terror attack happened.
미국 사회는 완전히 바뀌었다, 9 / 11 테러 공격 때문에 말이다.


### since 주동: ~때문에

I don't know much about her now since we broke up a year ago.
나는 이제 그녀에 대해 많이 모른다, 우리가 1년 전 헤어졌기 때문에 말이다.

He usually works so late since he works for a Korean company.
그는 보통 매우 늦게까지 일한다, 한국 회사에서 일하기 때문에 말이다.

● break up: 깨지다 / 헤어지다 ● usually :보통 / 일반적으로 ● work for: (~에서) 일하다 / 근무하다


### now that 주동: 이제 ~하니까

Now that you're married, we want to see our grandkids.
이제 네가 결혼했으니 우리는 손주를 보고 싶구나.

Now that we become one team, we can do anything.
이제 우리가 한 팀이 되었으니 우리는 무엇이든 해낼 수 있다.

● be married: 결혼한


## '결과 정보' 종속접속사

지금까지의 'that 주동'은 문장을 명사화하는 역할과 꼬리를 물고 두 가지 문장을 연결해주는 관계대명사 역할을 했다. 여기에 한 가지 더! 'That 주동'은 문장 속에 결과 정보를 추가하는 종속접속사의 역할을 하기도 한다. '그래서 ~하다'라고 해석할 수 있다.

### that 주동: 그래서 ~ 하다

I really want to see you that I can't wait for seeing you.
나는 정말 너를 보고 싶어, 그래서 널 보는 것을 기다릴 수 없다.

This work is so important to me that I gotta try my best.
이 일이 정말 나에게 중요하다, 그래서 나는 최선을 다해야 한다.

### so that 주동: 그래서 ~하다 / ~하도록

I'll go by car so that I can take more stuff.
난 차로 가서, 물건 좀 더 가져오도록 할게.

▸ I left a message so that he would know that I called yesterday.
나는 메시지를 남겼다, 내가 어제 전화한 걸 그가 알 수 있도록 말이다.

• many: 많은 • more: 더 많은 • most: 가장 많은

• 결과 그리고 목적의 의미를 더 부각시키기 위해서 that 앞에 so를 붙였다. 'That 주동'과 마찬가지로 해석한다.


## '대조 정보' 종속접속사

이번에 다룰 종속접속사들은 서로 다른 이야기를 추가할 때 요긴하게 사용한다.

### although 주동 / even though 주동 / even if 주동: ~라고 할지라도

I'll pursue my career although it is very very difficult.
나는 나의 커리어를 좇을 거야, 그것이 매우 매우 어려워도 말이야.

• 'although 주동'과 같은 뜻이지만 'Even though 주동'과 'even if 주동'은 대조의 의미가 더 강하다. '심지어 ~라고 할지라도'로 해석할 수 있다.

I think it is good to order another food even though she's not gonna come.
내 생각에 또 다른 음식을 주문하는 게 좋을 것 같아, 심지어 그녀가 오지 않을 거라도 말이야.

Let's study English everyday, even if you feel it is hard to study English.
매일 영어 공부하자, 심지어 네가 느끼기에 영어공부가 어려워도 말이다.

### whereas 주동: 반면 ~하다

My Math score skyrocketed by 50 points, whereas I totally ruined my English test.
나의 수학 점수는 50점이나 수직 상승했다, 반면 영어 테스트는 완전 망쳤다.

Barcelona won the Champions League Semi Final Match against Manchester United
yesterday, whereas Real Madrid lost their match against Juventus.
바르셀로나는 어제 맨체스터 유나이티드와의 준결승 챔피언스리그 경기에서 이겼다.
반면 레알 마드리드는 유벤투스를 상대로 경기에서 졌다.

● skyrocket: 로켓이 하늘로 올라가듯이 수직 상승하다 / 급등하다 ● ruin: 망치다

## '가정 정보' 종속접속사

'if'는 가정을 나타내는 가장 많이 쓰는 종속접속사이다. 'If'는 일상생활에서뿐만 아니라 컴퓨터 프로그래밍에서도 정말 많이 쓰인다.

### if 주동: ~라면

You should sign up for a travelers insurance if you travel a lot.
너는 여행자 보험에 가입하는 것이 좋다, 여행을 많이 하면 말이야.

Please show me that you love me, if you love me.
당신이 날 사랑한다는 것을 보여주세요, 날 사랑한다면요.

● sign up for: 가입하다 ● travelers insurance: 여행자 보험

### unless 주동: ~가 아니라면

Hey man! Wake up unless you're sleeping.
이봐 자네! 일어나봐, 자는 것 아니라면.

We're gonna get in a trouble unless he finishes his work by this weekend.
우리는 곤경에 빠질 거야, 그가 일을 주말까지 끝내지 않으면 말이야.

● wake up: 일어나다 ● get in a trouble: 곤란에 빠지다

**only if 주동: ~인 경우에만**

You can drink only if you're older than 18 years old.
너는 술을 마실 수 있어, 18세 이상인 경우에만.

You have one more chance only if you do it last.
너에게 한 번 더 기회가 있어, 네가 그것을 마지막으로 하는 경우라면 말이야.

**in case (that) 주동: ~인 경우에**

You can get bonus in case that you started working before November
당신은 보너스를 얻을 수 있다. 당신이 11월 이전에 일하기 시작한 경우라면 말이다.

I'm gonna quit my job in case the money that I'm earning from my hobby doubles the money from my job.
나는 일을 그만둘 것이다. 내 취미로 버는 돈이 내 직업으로 버는 돈의 두 배가 되는 경우에 말이다.

● double: (무엇의) 두 배가 되다

## 17-1 완벽이 아닌 성장에 초점 두기

스탠퍼드대학교 교수 캐롤 드웩은 연구를 통해 사람이 크게 두 가지 사고 방식, 즉 고정형 사고방식(Fixed mindset)과 성장형 사고방식(Growth mindset)을 가지고 있음을 발견했다. 드웩은 우리가 성공하고 목적을 이루는 데에서 중요한 것은 단순히 우리의 능력과 지능이 아니라 고정형 사고방식을 가지고 살아가는가 아니면 성장형 사고 방식을 가지고 살아가는가에 달려 있다고 주장한다.

고정형 사고방식의 사람들은 성격, 지능, 창의력 등의 능력이 고정되어 있으며 바뀌지 않는다고 생각한다. 그들에게 성취 또는 성공이란 그들의 본래 능력이 인정되는 것을 의미한다. 고정형 사고방식의 사람들은 평가 또는 시험의 결과가 만족스럽지 않을 경우 쉽게 자신의 재능 없음을 부정적으로 받아들이고 낙담한다. 또한 그들은 위험이나 더 노력해야 한다는 현실을 자신들의 부족함을 보여주는 것으로 여겨 부끄러워한다. 그렇기에 이를 통해 더 배우거나 성장하거나 발전하려고 하지 않는다. 따라서 현재 자신의 능력을 뽐낼 수 있는 일들에 안주하기 쉽고 새로운 것에 대한 도전과 개척 정신이 부족하다.

반면, 성장형 사고방식의 사람들은 능력이 고정되어 있지 않고 언제나 성장 가능하다고 생각한다. 따라서 평가 또는 시험 결과가 자신들의 재능 부족의 증거가 될 수 없다고 여겨 좀처럼 실망에 빠지지 않는다. 오히려 그들은 평가를 현재의 능력 성장 및 확장 기회라고 생각한다. 성장형 사고방식의 핵심 장점은 사람들을 새로운 변화와 성장을 목표로 계속 노력하게 한다는 것이다. 또한 인간의 능력, 즉 지능과 창의성 또는 인간관계 같은 사회적 능력이 노력이나 연습을 통해 개발될 수 있다는 신념을 제공한다. 따라서 이들은 끊임없이 도전하고 도전을 통해 지속적으로 배워나간다.

성장형 사고방식은 영어 공부에 매우 중요하다. 우리는 모국어를 배울 때 정말 많은 실수를 했지만 그것을 부끄러워하지 않았다. 모국어에 대한 계속적인 도전으로 언어 실력이 자연스럽게 성장하고 터득했다. 영어를 배우는 것도 마찬가지다. 문법이 틀릴까 봐 혹은 발음이 완벽하지 않을까 봐 말하기를 전혀 시도하지 않는 태도는 지양하자. 모르는 것을 배우다 보면 틀리는 건 당연하다. 더 나은 영어를 향해 도전해야 옳다. 정작 미국에서는 외국인의 영어 발음, 억양을 두고 왈가왈부하지 않는다. 미국에서 자라지 않은 외국인이 아무리 노력해도 원어민처럼 되기는 거의 불가능에 가깝기 때문이다. 외국인의 영어 실력을 판단할 때 중시하는 것은, 바로 영어를 통해 전달하고자 하는 생각과 내용이다. 발음이 완벽하지 않아도 문법이 완벽하지 않아도 억양이 완벽하지 않아도 두려워하지 말고 표현하고자 마음먹은 것을 말해보자.

영어 공부에서 완벽에 초점을 두지 마라. 당신의 성장에 초점을 두어라!

CHAPTER

# 18 당신의 위대한 상상을 표현하고 싶을 때

우리는 과거에 일어날 수 있었던 것들 그리고 앞으로 가능성이 있을 것들을 언제나 머릿속에서 상상하곤 한다. 예를 들어보자. 이미 지난 과거를 돌아보며 '과거가 만약 어떠했었다면, 과거는 어떠했을 거야!' 하며 상상도 하고, 현실과 다른 상황을 떠올려보면서 '만약 그런 상황이라면 무엇 무엇 할 텐데!'라는 상상도 한다. 이번 장에서는 이렇게 상상을 표현하는 모든 것을 다루고자 한다.

## 현실 또는 미래의 불확실한 일에 대해 상상을 하는 경우
### : 가정법 현재

우리는 이미 'if 주동' 종속접속사를 통해 현실 또는 미래의 불확실한 일을 상상하는 방법을 배웠다. 예컨대 당신이 업무 지시를 내린다고 하자. 당신의 팀이 진행한 업무 결과가 A, B, C 중에서 하나라고 하면 다음과 같이 업무 지시를 할 수 있다.

If A happens, let's do plan A!　　　　A가 일어나면 플랜 A로 하자!

If B comes out, let's do plan B!　　　B가 일어나면 플랜 B로 하자!

If C happens, let's do plan C!　　　　C가 일어나면 플랜 C로 하자!

이런 식으로, 현실 또는 미래의 불확실한 일을 상상하는 경우 '가정법 현재'를 사용하면 된다. 가정법 현재는 'if 주동'을 사용해서 표현할 수 있는데, 현재시제 주동을 사용한다.

If you are a man
네가 남자라면

If you succeed in the future
네가 미래에 성공한다면

If Korean stock market goes really bad
한국 증시가 정말 나빠지면

If you don't' have anything to eat
네가 아무것도 먹을 게 없다면

If I pass the test
내가 시험에 통과한다면

If I buy a new smart phone
내가 새로운 스마트폰을 산다면

If she rejects my proposal
만약 그녀가 내 프로포즈를 거절한다면

If she is at Starbucks, having coffee
그녀가 스타벅스에 있고 커피를 마시고 있다면

If they study together at the public library
만약 그들이 함께 공공도서관에서 공부하고 있다면

If I gotta choose just one among the five options
내가 다섯 개 옵션 중에서 딱 하나를 선택해야만 한다면

• reject: 거절하다 / 거부하다

195

그렇다면 이러한 가정법 현재 'if 주동' 다음에는 어떻게 상상을 이어 나가면 될까? 두 가지 방법이 있다. 첫째, 현재에 대한 이야기라면 현재시제 주동을 사용해 말하고, 둘째, 미래에 대한 이야기라면 미래시제 주동을 사용해 말한다.

If you are a man, never never give up!
네가 남자라면 절대 절대 포기하지 말라!

You gotta remember me, if you succeed in the future!
너는 날 꼭 기억해야 해, 미래에 성공한다면 말이야!

If Korean stock market goes really bad, I'm gonna sell all of my stocks.
한국 증시가 정말로 나빠지면, 나는 내 모든 주식을 처분할 것이다.

I'll buy you something, if you don't' have anything to eat.
뭔가 사줄게요, 아무것도 먹을 게 없다면요.

If I pass the test, I'm gonna take you guys to a fancy restaurant.
내가 시험에 통과한다면, 너희를 고급스러운 레스토랑에 데려가겠어.

I'll choose iPhone X if I buy a new smart phone.
난 아이폰 X로 할게요, 새로운 스마트폰을 산다면요.

If she are at Starbucks, having coffee, I want to go there too.
그녀가 스타벅스에 있고 커피를 마시고 있다면, 나 역시 거기 가고 싶다.

They'll not concentrate on their study at all, if they study together at the public library.
그들은 공부에 전혀 집중하지 않을 거다, 그들이 함께 공공도서관에서 공부한다면 말이야.

If I gotta choose just one among the five options, I want that one.
내가 다섯 개 옵션 중에서 딱 하나를 선택해야만 한다면, 저걸 원해.

What will happen to my life, if she rejects my proposal?
내 삶에 무슨 일이 일어날까, 그녀가 내 프로포즈를 거절한다면 말이야.

● all of -: 모든 -

## 현실과 다른 상황에 대해 상상을 하는 경우: 가정법 과거

당신이 이미 알고 있고 예측하고 있는 현실 또는 미래와 전혀 다른 상황을 상상하는 경우, 일어날 가능성이 전혀 없는 상황에 대해서 상상하는 경우에는 가정법 과거를 사용한다. 즉, 현재 또는 미래를 과거형으로 표현해 상상의 나래를 펼치는 것이다. 가정법 과거는 과거 시제 'if 주동'을 사용한다.

If you were a tiger in a jungle
네가 정글 속의 호랑이라면(당연히 호랑이일 리가 없다는 전제가 깔려 있음).

If she got such a great chance
그녀가 그런 굉장한 기회를 얻는다면

If I lost the diamond ring
내가 그 다이아몬드 반지를 잃어버린다면

If you didn't have anything to eat
네가 아무것도 먹을 게 없다면

If we won the championship twice in a row
우리가 두 번 연속 챔피언이 된다면

If Barcelona lost the game against such a weak team
바르셀로나가 그런 약팀 상대로 경기를 진다면

If the movie story actually came true
그 영화 스토리가 실제로 일어난다면

If we could go to Mars in the future
우리가 미래에 화성에 갈 수 있다면

If that miracle happened to my life once again
만약 그 기적이 내 삶에 한 번 더 일어난다면

● win the championship: 챔피언이 되다
● actually: 실제로 ● come true: 일어나다
● Mars: 화성
● once again: 한 번 더

If I could see my mom in heaven
내가 하늘에 있는 엄마를 볼 수 있다면

If I did it again
내가 그것을 다시 한다면

가정법 과거 'if 주동' 다음에는 어떻게 상상의 나래를 펼쳐가야 할까? 바로 will의 과거형 would 또는 can의 과거형 could를 이용한 주동을 쓰면 된다. 현실과는 다른 상황, 현실적으로 불가능한, 가능성이 희박한 상황을 상상하는 경우 will, can이 아니라 would, could를 사용한다. 많은 영어 학습자가 would와 could를 어려워하는데 사실 매우 간단하다. would와 could가 나오면 말하는 사람이 실제와 다른 현실 또는 불가능한 현실 또는 미래를 상상하고 있다고 생각하면 된다.

If you were a tiger in a jungle, you would threaten every animal so that they give you food everyday.
네가 정글 속의 호랑이라면, 너는 모든 동물을 협박해서 너에게 매일 음식을 가져오게 할 것이다.

If she got such a great chance, she could prove her great potential definitely.
그녀가 그런 굉장한 기회를 얻는다면, 그녀는 잠재력을 분명히 증명할 수 있을 것이다.

She would be so upset if I lost the diamond ring.
그녀는 정말 화날 거예요, 내가 그 다이아몬드 반지를 잃어버린다면요.

Everyone couldn't believe at all, if we won the championship twice in a row.
모든 사람은 전혀 믿지 못할 거예요, 우리가 두 번 연속으로 챔피언이 된다면 말이에요.

If Barcelona lost the game against such a weak team, every Barcelona supporter would be so shocked.
바르셀로나가 그런 약팀을 상대로 경기에 진다면, 모든 바르셀로나 서포터가 충격을 먹을 거예요.

● definitely: 분명히

The world would come to an end, if the movie story actually came true.
세상은 종말이 될 거예요, 그 영화 스토리가 실제로 일어난다면요.

If we could go to Mars in the future, we could also go out of our Solar system.
우리가 미래에 화성에 갈 수 있다면, 우리는 또한 태양계 밖으로도 나갈 수 있을 것이다.

If that miracle happened to my life once again, I would never live like this anymore.
그 기적이 내 삶에 한 번 더 일어난다면, 나는 더 이상 이런 식으론 살지 않을 거야.

If I could see my mom in heaven, the first thing I would say to my mom is "Thank you!"
내가 하늘에 있는 엄마를 볼 수 있다면, 내가 엄마에게 말할 첫 번째는 "감사합니다!"이다.

It would be okay that I'm called "idiot", if I did it again.
내가 바보라고 불려도 좋을 것이다, 내가 그것을 다시 한다면 말이다.

● come to an end: 끝이 나다(직역: 끝에 오다)
● anymore: 더 이상

# 실제 과거와 다른 상황에 대해 상상을 하는 경우

당신이 이미 알고 있는 현실 또는 미래와 다른 상황을 상상하는 경우, 일어날 가능성이 전혀 없는 상황에 대해서 상상할 때 '가정법 과거'를 사용했다. 그런데 이미 알고 있는 과거 사실과 다른 과거를 상상할 때는 어떨까? 바로 이럴 때 '가정법 과거완료'를 사용한다. 가정법 과거완료는 과거완료 시제 'if 주동'을 사용한다. 현재완료가 'have+과거분사' 형태라면, 과거완료 시제는 'had+과거분사' 형태이다. 다음의 예를 보자.

If I had done just one more thing at the moment
그 순간 딱 한 가지 더 했더라면

199

If 흥선대원군 had not done 'closed-door policy'
만약 흥선대원군이 쇄국정책을 하지 않았더라면

If I had signed up for this mutual fund five years ago
내가 5년 전 이 뮤추얼 펀드를 가입했더라면

이러한 가정법 과거완료 'if 주동' 다음에는 어떻게 상상의 나래를 펼쳐가면 될까? 두 가지 방법이 있다. 첫째, 과거에 대한 상상이 현실 또는 미래에 대한 상상으로 연결되는 경우, would 또는 could를 사용한다. 둘째, 과거에 대한 상상이 과거에 대한 상상으로 계속 연결되는 경우, 'would+현재완료' 또는 'could+현재완료'를 사용한다. 다음의 예를 보자.

If I had done just one more thing at the moment, I wouldn't work this weekend.
그 순간 딱 한 가지 더 했더라면, 이번 주말 나는 일하지 않을 텐데.

If I had done just one more thing at the moment, I would have succeeded.
그 순간 딱 한 가지 더 했더라면, 나는 성공했을 것이다.

If 흥선대원군 had not done 'closed-door policy,' Korea would be totally different now.
흥선대원군이 쇄국정책을 하지 않았더라면, 한국은 지금 완전히 다를 것이다.

If 흥선대원군 had not done 'closed-door policy,' Chosen would have been prepared well against the Japanese invasion.
흥선대원군이 쇄국정책을 하지 않았더라면, 조선은 일본 침략에 맞설 준비가 잘되었을 것이다.

If I had signed up for this mutual fund five years ago, I would be the richest man among my friends now.
내가 5년 전 이 뮤추얼 펀드를 가입했더라면, 나는 지금 친구 중에서 가장 부자일 텐데.

If I had signed up for this mutual fund five years ago, I would've earned a lot of money last year.
내가 5년 전 이 뮤추얼 펀드를 가입했더라면, 작년에 정말 많은 돈을 벌었을 텐데.

## 당신의 창의력을 극대화하는 상상의 힘

전 세계적인 베스트셀러《훔쳐라, 아티스트처럼》,《보여줘라, 아티스트처럼》의 저자 오스틴 클레온은 '새로움'에 대해 이야기할 때 '태양 아래 새로운 것이란 존재하지 않는다'는 솔로몬 왕의 말을 인용한다. 그의 주장에 따르면 우리가 새로운 것이라고 이야기하는 건 첫째, 이미 존재하고 있지만 세상이 모르는 것을 지금 발견한 거나 둘째, 이미 있는 것을 새로운 방식으로 엮어 세상이 모르는 것을 만드는 거다. 다시 말해서 새로움이란 다른 사람들이 모르는 걸 내가 아는 것이다. 따라서 새로운 것을 만드는 창의력이란 바로 나 자신과 세상이 몰랐던 무언가를 찾고 발견하는 능력이라고 정의할 수 있다.

창의력을 발휘하기 위해서 당신은 익숙하지 않은 새로운 관점으로 세상을 바라볼 필요가 있다. 또한 많은 사람이 따르는 관습과 방식에서 벗어나 새로운 가능성을 찾아낼 수 있어야 한다. 과거 탐험가들이 세상이 모르는 곳을 용기 있게 탐험하여 지도의 한계를 넓혔듯, 당신은 당신이 알고 있는 사고의 지평선을 더욱 확장할 수 있어야 한다. 당신이 창의력을 발휘할 때, 당신의 두뇌 안에서는 서로 조화를 이루고 신호를 건네는 신경세포들 사이에 새로운 네트워크가 형성된다. 당신의 사고의 지평선이 확장될수록, 당신의 신경세포들이 만들어내는 네트워크 지도 또한 더욱 촘촘하고 복잡해진다.

그렇다면 어떻게 창의력을 얻을 수 있을까? 무엇이 사고의 지평선을 확장하여 그동안 몰랐던 새로운 가능성을 찾아내게 할까? 이것은 바로 창의성을 극대화하는 What If 질문을 통해서 가능하다. What If 질문들이 당신의 창의력을 극대화해줄 것이다. What if 질문이란, 말 그대로 '만약 ~하다면 어떻게 될까?'라는 뜻이다. 만약 현실 / 미래에 대한 상상이라면 'what if + 과거시제 주동'을 사용하고 만약 과거에 대한 상상이라면 'what if + 과거완료시제 주동'을 사용하면 된다.

## 《다빈치 코드》작가 댄 브라운의 What if 질문

세계적인 작가 댄 브라운은 그의 소설《다빈치 코드》에서 다음의 질문을 통해 작품을 재미있고 긴박감 넘치게 만들었다.

What if Leonardo Da Vinci had hid the secrets of Christianity in his famous painting 'The Last Supper'?
레오나르도 다 빈치가 기독교에 관한 비밀을 그의 작품 '최후의 만찬'에 숨겨놓았다면 어떨까?

• 과거에 대한 상상이기 때문에 과거 완료시제를 사용했다.


이후 댄 브라운은 바로 이 What if 질문을 통해서《다빈치 코드》의 박진감 넘치고 궁금하고 강렬한 도입을 만들 수 있었고 이를 연속적으로 인물과 주제와 극적인 드라마 구조와 연계시켜 손에서 뗄 수 없도록 만들었다. 또한 이 What if 질문은 다음과 같이 또 다른 What if 질문들을 유도하여 전체적인 소설의 이야기 장면과 구조를 형성했다.

What if Christ hadn't died on the cross?
그리스도가 십자가에 죽지 않았다면 어떨까?

What if there had been an organization vying to protect this secret?
어떤 조직이 있어 이 비밀을 기를 쓰고 지켰다면 어떨까?

What if the Holy Grail symbolized Mary Magdalene's womb?
성배가 마리아 막달레나의 자궁을 상징한다면 어떨까?

• organization: 조직 • vie to: 기를 쓰고 ~하다
• the Holy Grail: 성배 • symbolize: 상징하다 • Mary Magdalene: 마리아 막달레나 • womb: 자궁

## 아이작 뉴턴의 What if 질문

아이작 뉴턴이 케임브리지대학교 학생 시절 경험한 사과나무 일화를 보자. 뉴턴은 물체가 땅에 떨어지는 현상을 당연시하지 않았다. 그는 이 현상이 도대체 왜 일어나는지를 고민했고 What if 질문을 던졌다.

What if motions of all objects occurs because of forces acting upon the objects?
모든 물체의 이동이 그 물체들에 작용하는 힘 때문에 일어나는 것이라면 어떨까(현실적으로 가능성이 떨어지는 경우에 대한 상상이 아니기 때문에 꼭 가정법 과거를 쓰지 않고 가정법 현재를 썼다)?

What if a pulling force(gravity) existed between Earth and falling objects?
끌어당기는 힘(중력)이 지구와 떨어지는 물체 사이에 존재한다면 어떨까(한 번도 생각해보지 못한 불가능할 수 있는 새로운 상상이기에 가정법 과거를 썼다)?

• motion: 이동 • object: 물체 / 사물 • occur: 일어나다 • act upon: (무엇에) 작용하다

## 구글 창업자 '래리 페이지'의 What if 질문

위대한 구글은 어떻게 탄생했을까? 그것은 스탠퍼드대학교 기숙사에서 어느 날 밤, 잠에서 깬 래리 페이지가 문득 던진 하나의 질문에서 시작한다.

One night, I woke up in the middle of a dream and a question popped up in my head.
'What if I downloaded all Internet websites and linked all of them in an easily accessible way?'
어느 날 밤이었다. 꿈을 꾸다가 도중에 잠에서 깨었는데 문득 이런 질문이 떠올랐다.
'만약 내가 모든 인터넷 웹을 다운로드하고 이것들을 잘 링크할 수 있으면 어떻게 될까?'

• pop up: 툭 튀어나오다

래리 페이지는 이 What if 질문을 던지자마자 종이와 펜을 꺼내 들어 과연 이 생각이 가능한지 그 구체적인 내용들을 적기 시작했다. 그는

컴퓨터과학과 교수 테리 위노그라드 밑에서 월드와이드웹의 수학적 특성이라는 주제로 박사 논문을 생각하고 있었지, 인터넷 검색엔진을 만든다는 생각은 한 번도 해본 적이 없었다. 그는 자신의 아이디어를 친구 세르게이 브린과 함께 고민했고 결국 둘은 구글의 성공을 있게 해 준 검색 알고리즘 '페이지랭크(PageRank)'의 특허를 이끌어냈다.

## 18-1 'What if 맵핑'을 통한 무한 상상 펼치기

어떻게 하면 당신의 창의성을 극대화하는 What if 질문을 훈련할 수 있을까? 《질문지능》을 통해서 사람들과 공유한 매우 효과적인 방법, 'What if 맵핑'을 소개한다. What if 맵핑이란 What if 질문과 마인드 맵핑(MindMapping)을 결합한 것이다. 마인드 맵핑이란 정보(생각, 아이디어, 키워드, 그림 등)를 시각적 유기적으로 조직하는 다이어그램인데, 뇌의 잠재력을 극대화하는 매우 효과적인 방법이다. 종이의 중심에 주제가 되는 핵심 개념을 쓰고 그 개념을 중심으로 자유롭게 떠올린 개념들을 연결해 생각을 확장해가면 된다. 이 마인드 맵핑을 활용해서 What if 질문을 훈련할 수 있고 이를 통해 당신의 상상력, 창의력을 극대화할 수 있다. 앞서 언급한 소설 《다빈치 코드》 전체의 내용을 작가 댄 브라운이 어떻게 구상했는지 What if 맵핑을 통해 다음과 같이 나타낼 수 있다.

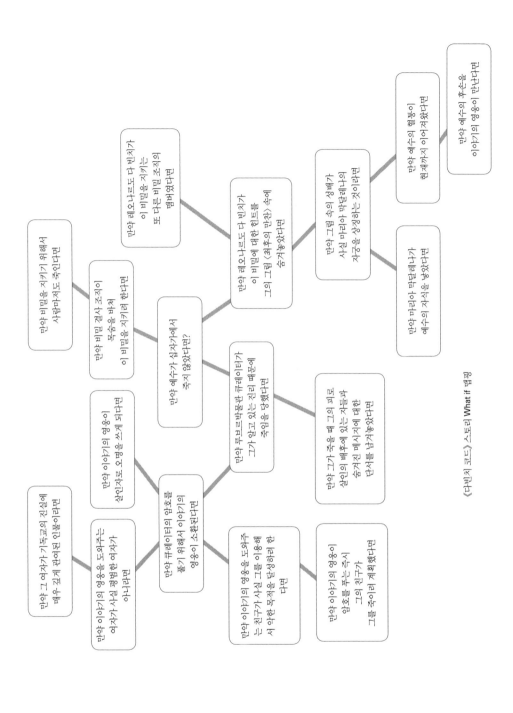

만약 그 여자가 기독교의 진실에 매우 깊게 관여된 인물이라면

만약 이야기의 영웅을 도와주는 친구가 사실 평범한 여자가 아니라면

만약 이야기의 영웅이 살인자로 오명을 쓰게 되다면

만약 비밀을 지키기 위해서 사람마저도 죽인다면

만약 비밀 절사 조직이 목숨을 바쳐 이 비밀을 지키려 한다면

만약 레오나르도 다 빈치가 이 비밀을 지키는 또 다른 비밀 조직의 멤버였다면

만약 레오나르도 다 빈치가 이 비밀에 대한 힌트를 그의 그림 (좌우의 반전) 속에 숨겨놓았다면

만약 마리아 막달레나가 예수의 자식을 낳았다면

만약 그림 속의 상배가 사실 마리아 막달레나의 자궁을 상징하는 것이라면

만약 예수의 후손을 이야기의 영웅이 만난다면

만약 예수의 혈통이 현재까지 이어져왔다면

만약 예수가 십자가에서 죽지 않았다면

만약 루브르박물관 큐레이타가 그가 알고 있는 진리 때문에 죽임을 당했다면

만약 그가 죽을 때 그의 피로 살인의 배후에 있는 자들과 숨겨진 메시지에 대한 단서를 남겨놓았다면

만약 큐레이타의 암호를 풀기 위해서 이야기의 영웅이 소환되다면

만약 이야기의 영웅을 도와주는 친구가 사실 그룹 이용해서 악한 목적을 달성하려 한다면

만약 이야기의 영웅이 암호를 푸는 즉시 그의 친구가 그룹 죽이려 계획했다면

《다빈치 코드》 스토리 What if 맵핑

205

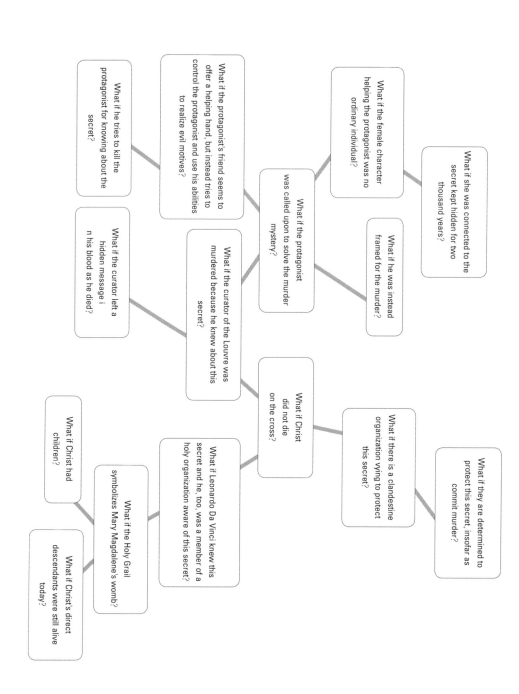

# 19 평가 및 판단을 잘하고 싶을 때
## : 비교에 관한 모든 것

개인이든, 조직 및 기업이든, 사회이든 합리적인 선택과 결정을 하기 위해서 필요한 것은 바로 평가이다. 그리고 그 평가를 잘하기 위해서는 비교를 잘해야 한다. 높은지 낮은지, 같은지 다른지, 큰지 작은지, 많은지 적은지 등 다양한 측면에서 비교를 잘해야 합리적으로 선택하고 결정할 수 있다. 따라서 이번 장에서 비교를 잘하기 위한 영어의 모든 표현에 대해 다룰 것이다.

비교 영역은 크게 두 가지로 나눌 수 있다. 같거나 같지 않거나 말이다. 예를 들어, A라는 사물과 B라는 사물이 있고 두 사물의 크기를 비교해보자. 경우의 수는 다음과 같다. 먼저 사물 A와 사물 B의 크기가 같을 수 있다. 둘째, 사물 A와 사물 B의 크기가 다를 수 있다(사물 A가 사물 B보다 크거나 사물 B가 사물 A보다 클 수 있다). 이렇게 같거나 같지 않음에 대한 비교 표현들을 배워보자.

## 같음을 표현하고 싶을 때: as ~ as

나는 키가 크다(I am tall). 그 남자는 키가 크다(He is tall). 그런데 알고 보니 나와 그 남자는 키가 같다. 이 말을 어떻게 표현할까? 'I am tall'과 'He is tall'을 연결할 수 있을까? as ~ as 구문을 통해서 가능하다. 다음과 같다.

I am as tall as he is.
나는 그만큼 키가 크다(즉, 키가 같다는 말).

You are as important as I am.
당신은 나만큼 중요하다.

She got as angry as I did.
그녀는 나만큼 화났다.

We've become as strong as they are now.
우리는 그들이 지금 강한 것만큼 강해졌다.

Isaac is as smart as Einstein was in 20c.
아이작은 20세기의 아인슈타인만큼 똑똑하다.

She looks as pretty as 한지민 is.
그녀는 한지민만큼 예쁘다.


양쪽 두 개의 주동을 'as 형용사 as'로 연결하여 같음을 표현하였다. 위의 예문에서처럼, 'as 형용사 as'로 연결되는 두 번째 주동은 이미 내용이 반복되기 때문에 구체적으로 쓰지 않고 '주어+조동사+$a$(반복되지 않는 내용)'로 간단하게 표현된다. 심지어 '주어+조동사+$a$'가 귀찮으면 대명사만 표기해도 된다.

| I am as tall as him. | 나는 그만큼 키가 크다. |
| You are as important as me. | 당신은 나만큼 중요하다. |
| She got as angry as me. | 그녀는 나만큼 화났다. |
| We've become as strong as them. | 우리는 그들만큼 강해졌다. |
| Isaac is as smart as Einstein. | 아이작은 아인슈타인만큼 똑똑하다. |
| She looks as pretty as 한지민. | 그녀는 한지민만큼 예쁘다. |

꼭 형용사만으로 같음을 표현할 필요는 없다. '부사'로도 같음을 표현할 수 있다. 다음 예문을 보자.

He works as well as she does.

그는 그녀만큼 일을 잘한다.

We walked together yesterday as slowly as possible.

나는 내 코치만큼 빨리 수영한다.

We walked together yesterday as slowly as possible.

우리는 가능한 한 천천히 함께 걸었다.

She gotta do this as soon as she can.

그녀는 가능한 한 빨리 이걸 해야 한다.

– 여기서 비교 대상이 '그녀가 할 수 있는 것'이다. 'she can'을 'possible'로 바꿀 수도 있다.

– She gotta do this as soon as possible.

또한 '명사'로도 같음을 표현할 수 있다.

Warren Buffett has as much money as Bill gates. (does)
워런 버핏은 빌 게이츠만큼 많은 돈을 가지고 있다.

● many: 많은(셀 수 있는) ● much: 많은(셀 수 없는)

I want to have as much money as possible.
나는 가능한 한 많은 돈을 가지고 싶다.

She is as important person as him.
그녀는 그만큼 중요한 사람이다.

You gave me as many pieces of pizza as you ate.
너는 네가 먹었던 만큼 많은 피자 조각을 내게 주었다.

Please have as many as you want.
당신이 원하는 대로 많이 가지세요.


## 같지 않음을 표현하고 싶을 때

나는 키가 크다(I am tall). 그 남자는 키가 크다(He is tall). 그런데 알고 보니 내가 그보다 더 클 수 있고 또는 그가 나보다 더 클 수 있다. 이처럼 같지 않음을 표현하고 싶을 때는 어떻게 할까?

첫째, 'not as ~ as'를 사용하면 된다.

I am not as tall as he is(=him).
나는 그만큼 키가 크지 않다(그가 더 크다는 말).

둘째, 비교급을 사용하면 된다.

I am taller than he is.

나는 그보다 더 크다.
– 이때 'he is'를 더 짧게 'him'으로 줄여도 된다.
– I am taller than him.

He is taller than me.
그는 나보다 더 크다.


이제, 비교급에 대해서 자세하게 더 알아보자.

형용사의 경우 'tall'에서 'taller'로 바뀌어 '키가 더 큰'이 되듯, '형용

사-er'의 형태로 비교급을 만들 수 있다. 1음절로 매우 짧은 형용사의
경우에는 다음과 같다.

big(큰)                    bigger(더 큰)

sad(슬픈)                  sadder(더 슬픈)

long (긴)                  longer(더 긴)

great(훌륭한)              greater(더 훌륭한)

smart(똑똑한)              smarter(더 똑똑한)

short(짧은)                shorter(더 짧은)

new(새로운)                newer(더 새로운)

old(나이 많은)             older(더 나이 많은)

thin(얇은)                 thinner(더 얇은)

fat(뚱뚱한 / 기름진)       fatter(더 뚱뚱한 / 더 기름진)


I look older than (I was) before.        나는 전보다 늙어 보인다.

You look fatter than before.             너 전보다 살쪄 보여.

It seems like that I become smarter.     내가 더 똑똑해진 것 같아.

This is a sadder story than that.        이것이 저것보다 더 슬픈 이야기야.

We make thinner slice cheese than others.
우리는 다른 것보다 더 얇은 슬라이스 치즈를 만들죠.


그런데 2음절로 형용사가 길어지면 '-er'을 붙이거나 'more'을 붙여
비교급을 만든다. 2음절 형용사의 경우, '-er'을 붙여 비교급이 되는 경
우가 좀 더 일반적이긴 하지만, 'more' 또한 가능하다. 기준이 뭘까? 당
신 마음 내키는 대로, 당신이 그동안 많이 들어서 좀 더 자연스러워진
대로 사용하면 된다. 나의 경우에는 익숙한 대로 발음이 편한 대로 선

택해서 사용한다.

| | |
|---|---|
| happy(행복한) | happier / more happy(더 행복한) |
| simple(간단한) | simpler / more simple(더 간단한) |
| busy(바쁜) | busier / more busy(더 바쁜) |
| narrow(좁은) | narrower / more narrow(더 좁은) |
| angry(화난) | angier / more angry(더 화난) |
| quiet(조용한) | quieter / more quiet(더 조용한) |
| gentle(친절한) | gentler / more gentler(더 친절한) |
| clever(영리한) | cleverer / more cleverer(더 영리한) |

3음절 이상의 형용사 앞에는 'more'를 두어 비교급을 만든다. 언제 3음절을 세면서 따질 것인가? 당신이 보기에 무지 길다 싶으면 'more'을 붙여라.

| | |
|---|---|
| important(중요한) | more important(더 중요한) |
| expensive(비싼) | more expensive(더 비싼) |
| artistic(예술적인) | more artistic(더 예술적인) |
| intelligent(지적인) | more intelligent(더 지적인) |
| generous(관대한) | more generous(더 관대한) |
| peaceful(평화로운) | more peaceful(더 평화로운) |

Switzerland seems more peaceful than other countries.
스위스는 다른 나라보다 더 평화로워 보인다.

It is more important than these works.
그것이 이 일들보다 더 중요하다.

Is this more expensive?

이게 더 비싼가요?

She is getting more intelligent in MIT.

그녀는 MIT에서 더 지적으로 되고 있다.

He is more generous to himself than to others.

그는 남들에게보다 그 자신에게 더 관대하다.


그렇다면 부사의 경우에 비교급은 어떻게 표현할 수 있을까? 매우 간단하다. 1음절처럼 짧은 부사에는 '-er'을 붙여라. 그렇지 않으면 'more'를 붙이면 된다. 그것도 헷갈리면 그냥 'more'를 붙여라.

| | |
|---|---|
| quietly(조용하게) | more quietly(더 조용하게) |
| slowly(천천히) | more slowly(더 천천히) |
| hard(열심히 / 빡세게) | harder(더 열심히 / 더 빡세게) |
| high(높이) | higher(더 높이) |
| happily(행복하게) | more happily(더 행복하게) |
| quickly(빠르게) | more quickly(더 빠르게) |
| simply(간단하게) | more simply(더 간단하게) |
| carefully(주의 깊게) | more carefully(더 주의 깊게) |


I want you guys to pass by more quietly.

나는 니네들 더 조용하게 지나가면 좋겠어.

Please read more carefully when you sign any contract.

더 주의 깊게 읽으세요. 당신이 어떠한 계약서에 사인할 때는.

Daddy, I want to fly higher.

아빠, 나 더 높게 날고 싶어요.

• pass by: 지나가다

After that, they lived more happily.

그 후, 그들은 더 행복하게 살았대요.

You gotta study harder if you want to go to SKY.

넌 더 빡세게 공부해야 해, SKY가고 싶다면 말이야.

한편 비교급 형용사 / 비교급 부사에는 불규칙 형태가 있다. 다행인 것은 일상에서 늘 쓰는 말이기 때문에 곧 익숙해질 것이다.

| | |
|---|---|
| good(좋은) | better(더 좋은) |
| bad(나쁜) | worse(더 나쁜) |
| well(잘) | better(더 잘) |
| many(많은) | more(더 많은) |

| | |
|---|---|
| You're doing better. | 너는 더 잘하고 있어. |
| I have more books. | 나는 더 많은 책을 가지고 있어. |
| It's getting worse. | 그것은 더 나빠지고 있어. |
| It is better than what you have. | 그것은 네가 가진 것보다 더 좋아. |

한 가지 더!

비교급을 강조하고 싶을 때는 어떻게 해야 할까? 예를 들어, harder(더 빡센 / 더 빡세게)에서 '훨씬 더 빡센 / 훨씬 더 빡세게'처럼 강조하고 싶다면? 간단하다! 비교급 앞에 much를 붙여라.

| | |
|---|---|
| much harder | 훨씬 더 어려운 / 훨씬 더 빡세게 |
| much quieter | 훨씬 더 조용한 |
| much more slowly | 엄청 더 천천히 |

| much smarter | 엄청 더 똑똑한 |
| much faster | 엄청 더 빠른 / 엄청 더 빨리 |

## 최고를 표현하고 싶을 때 (최상급)

이제 최고를 나타내는 최상급에 대해서 알아보자. '가장 어떠한'을 나타내는 최상급은 기본적으로 '-est'를 붙여 만들 수 있다. 앞서 '-er'을 붙여 비교급을 만들었다면 '-est'를 붙여 최상급을 만드는 것이다.

| | |
| --- | --- |
| bigger(더 큰) | biggest(가장 큰) |
| sadder(더 슬픈) | saddest(가장 슬픈) |
| longer(더 긴) | longest(가장 긴) |
| greater(더 훌륭한) | greatest(가장 훌륭한) |
| smarter(더 똑똑한) | smartest(가장 똑똑한) |
| shorter(더 짧은) | shorter(가장 짧은) |
| newer(더 새로운) | newest(가장 새로운) |
| older(더 나이 많은) | oldest(가장 나이 많은 / 가장 늙은) |
| thinner(더 얇은) | thinnest(가장 얇은) |
| fatter(더 뚱뚱한 / 더 기름진) | fattest(가장 뚱뚱한 / 가장 기름진) |

He may have been the smartest guy in the world.
그는 세계에서 가장 똑똑한 사람이었는지도 모른다.

He is oldest among his friends.
그는 친구들 중 가장 나이가 많다.

He showed the greatest achievement in his team.
그는 그의 팀에서 가장 훌륭한 성취를 보여주었다.

* achievement: 성취

215

최상급 형용사를 동반해 'the smartest guy', 'the tallest man', 'the greatest man'과 같이 어떤 특정 명사를 수식할 경우, 'the'와 함께 사용한다. 하지만 최상급 뒤에 명사가 오지 않거나 최상급이 부사로서 사용되는 경우에는 'the'를 붙이지 않아도 된다. 꼭 알아두자.

한편, 비교급과 마찬가지로 긴 형용사의 경우에는 most를 사용한다.

| | |
|---|---|
| more important(더 중요한) | most important(가장 중요한) |
| more expensive(더 비싼) | most expensive(가장 비싼) |
| more artistic(더 예술적인) | most artistic(가장 예술적인) |
| more intelligent(더 지적인) | most intelligent(가장 지적인) |
| more generous(더 관대한) | most generous(가장 관대한) |
| more peaceful(더 평화로운) | most peaceful(가장 평화로운) |

You are most important to me.
당신은 나에게 가장 중요해요.

Bill gates may spend the most expensive time in the world.
빌 게이츠는 세계에서 가장 비싼 시간을 쓰고 있을 거예요.

I'm having the most intelligent time in my life.
나는 내 인생에서 가장 지적인 시간을 보내고 있다.


한편, 최상급을 부사로서 사용할 수도 있다. 부사로서의 최상급은 기본적으로 the를 붙이지 않는 편이다.

| | |
|---|---|
| He ran fastest in his class. | 그는 그의 반에서 가장 빨리 달렸다. |
| She acted best in the new film. | 그녀는 새로운 영화에서 최고로 연기했다. |
| The news was delivered most slowly. | 그 뉴스는 가장 늦게 전달되었다. |

Stars shine most brightly on a clear night.　　별은 맑은 밤에서 가장 밝게 빛나는 법이다.

I came to his class earliest.　　나는 수업에 가장 일찍 왔다.

● shine : 빛나다

## 정말로 많이 활용되는 비교에 관한 다양한 표현

이번에는 'as ~ as', '비교급', '최상급'을 막론하고 정말로 많이 활용되는 다양한 표현에 대해서 알아보자. 알아두면 정말로 요긴하게 쓰이는 상식이다.

### at most: 많아야 / 기껏해야

I have one dollar now at most.　　나는 지금 많아야 1달러 있다.

### at least: 적어도

I have hundred dollars now at least.　　나는 지금 적어도 100달러가 있다.

### at best: 잘해봐야

Your team would rank the third at best.　　너희 팀은 잘해봐야 3등할 거다.

### one of 'the 최상급 복수명사': 가장 어떠한 무엇들 중 하나

He is one of the sexiest guys in the world.
그는 세계에서 가장 섹시한 남자들 중 하나다.

It is one of the most important projects in my company.
그것은 내 회사에서 가장 중요한 프로젝트 중 하나다.

Apple is one of the most valuable companies in the world.
애플은 전 세계 가장 가치 있는 회사들 중 하나다.

최고는 딱 하나이다. 논리적으로 최고는 둘 이상일 수 없다. 하지만 세상에는 최고라고 말하는 사람 / 조직이 정말로 많다. 그래서 사람들은 무언가가 '가장 어떠하다'고 말하지 않고 '가장 어떠한 무엇들 중 하나'라고 흔히 말한다. 정말 많이 쓰는 표현이니, 꼭 기억해두자.

## The 비교급, the 비교급: 더 ~할수록 더 ~하다.

The more, the better.
더 많을수록 더 좋다(다다익선).

The faster you try to run, the faster you will get tired.
당신이 빨리 달릴수록, 더 빨리 당신은 피곤해질 것이다.

The cheaper it is, the lower quality it has.
가격이 더 쌀수록, 더 낮은 질을 가지는 법이다.

## less + 형용사: 덜 어떠한

My work is less important than yours.
내 일은 너의 것보다 덜 중요하다.

His joke is less funny than others.
그의 농담은 다른 것들보다 덜 웃기다.

Money is less valuable than time.
돈은 시간보다 덜 가치 있다.

## as long as: ~하는 한 / 만큼

I want to be with you as long as you want.
나는 너와 같이 있고 싶어, 네가 원하는 만큼 말이야.

His joke is less funny than others.
그의 농담은 다른 것들보다 덜 웃기다.

Money is less valuable than time.
돈은 시간보다 덜 가치 있다.

You can make it to the meeting as long as you arrive at the station by 11 o'clock.
너는 미팅에 올 수 있어, 11시 정각까지 역에 도착하는 한 말이야.

## 19-1 영어 공부 최고의 교재는 당신의 삶 속에 있다!

매일 우리의 눈과 귀로 들어가는 정보량이 얼마나 될까? 뇌신경과학자들은 1초에 10메가바이트 정도라고 했다. 이는 상영되는 영화 파일의 정보량과 동일하다. 이것을 하루 전체로 계산하면 총 864기가바이트가 매일 우리의 눈과 귀로 들어가는 것이다. 실로 엄청난 양이다. 이 엄청난 양의 정보를 우리의 뇌는 자동으로 알아서 처리한다. 바로 그것, 우리의 일상 그 자체가 4차 산업혁명의 빅데이터이다.

우리가 살아가는 매일의 일상은 수많은 정보, 재미있는 이야기로 가득하다. 일상 속에서 눈이 뜨이고 귀가 쫑긋해지는 것은 무엇이 있는가? 노트와 펜을 주머니에 넣고 다니다 재미있는 생각이 떠오르거나 재미있는 말을 들을 때마다 메모하자. 혹은 자신이 평소 말하는 언어 패턴을 적어보자. 맛집에 갔다면 스마트폰으로 음식 사진을 찍어보자. 아이를 키우고 있다면, 아이 사진을 매일 같은 시간 같은 장소에서 찍어 변해가는 모습을 볼 수도 있다. 공부하는 학생은 자신이 어렵게 공부해서 이해한 내용을 비법노트에 기록해둘 수 있다. 다이어트에 도전 중이라면 매일 자신의 모습을 찍고 무슨 운동이나 식이요법을 했는지를 기록할 수 있다. 좋은 글을 쓰고자 하는 사람은 매일 책을 읽으면서 인상적인 부분을 사진을 찍거나 요약해서 노트에 적을 수 있다.

이제 필요한 것은 수집된 빅데이터들을 영어로 표현해보는 일이다. 정말로 간단하다. 스스로 영어 말하기나 작문을 한다. 이 과정에서 사전을 찾아보거나 구글 혹은 네이버 번역기를 사용하거나 선생님 등 주변의 영어 고수들에게 물어보는 것이다.

# 생각의 힘을 극대화하는 아이작의 질문 비법

누구나 생각을 하며 살아간다. 이것은 인간의 본성이다. 하지만 많은 경우 우리의 생각은 한쪽으로 치우쳐 있고, 부분적이고 단편적인 것에 의존하고 있으며, 선입견과 고정관념, 무비판적으로 수용된 사회적 관념과 규칙에 사로잡혀 있을 때가 많다. 다시 말하면, 모든 사람이 생각하는 능력을 가지고 있지만 이 능력을 더 계발시키려 노력하지 않는다면 생각은 결점 많은 불완전한 상태로 남게 된다는 것이다. 삶의 질과 매일 만들어내는 생산물은 우리가 생각하는 능력에 달려 있다.

심리학, 교육학, 인지과학 등 수많은 분야의 학자가 비판적 사고에 대해서 정의하였다. 마이클 스크리벤과 리차드 폴은 비판적 사고를 다음과 같이 정의한다.

"비판적 사고란 지적 훈련 과정으로서 능동적으로 정보를 개념화하고(conceptualize) 적용하고(apply) 분석하고(analyze) 통합하고(synthesize) 평가하는(evaluate) 과정이고, 관찰 · 경험 · 반성 · 추론 · 대화를 통해 정보를 얻고 정보를 창조해내는 과정이다."

스크리벤과 폴은 비판적 사고가 훈련을 통해서 누구나 배울 수 있는 것이라고 강조하였다.[●]

디앤 F. 할펜은 비판적 사고가 '인지적 기술과 전략을 사용하여 논리적 결론 도출, 문제 해결, 올바른 판단, 효과적인 설득 및 대화와 같은 긍정적인 결과를 만들어내는 사고방법'이라고 정의하였다. 할펜은 원하는 결과를 얻어내고 성공하기 위해서 비판적 사고를 배워야 한다고 주장한다. 동시에 그는 많은 사람이 비판적 사고에 대한 교육의 기회를 제대로 받지 못해 비판적 사고를 효과적으로 개발하지 못하는 상황 속에 있다고 말한다.[●]

비판적 사고에 능한 사람은 높은 수준으로 사고하며 합리적이고 이성적인 삶을 살아간다. 그들은 비판적 사고를 발전시키지 않으면 인간의 생각은 결함이 많아진다는 사실을 잘 이해한다. 따라서 생각을 분석하고 평가하며 개선할 방법들을 열심히 배우며 합리적이고 문명화된 긍정적 사회를 만드는 데 평생의 노력을 기울인다.


## 비판적 사고가 주는 7가지 혜택

비판적 사고가 주는 혜택 첫째는 당신의 커리어에 큰 자산이 된다는 점이다. 분명하고 합리적으로 생각하는 능력은 당신이 무슨 일을 하든지 중대한 영향력을 행사한다. 교육, 연구, 재무, 경영, 법, 과학 등 그 어떤 분야에서든 비판적 사고는 중요하다. 비판적 사고는 문제를 체계적

---

● Michael Scriven and Richard Paul, "Defining Critical Thinking", 2003, (http: / / www. criticalthinking. org / University / univclass / Defi ning.html)

● Diane F. Halpern, "Thought and Knowledge: An Introduction to Critical Thinking" NJ: Erlbaum Associates. 1996.

이면서 다각적으로 생각하고 해결할 수 있도록 돕는데, 이는 당신이 두 각을 나타내고 성공할 수 있는 큰 밑거름이 된다.

둘째, 비판적 사고는 우리가 지식 기반의 사회 속에서 잘 적응할 수 있도록 돕는다. 오늘날의 세계 지식 기반 사회는 방대한 양의 급변하는 정보에 이끌어지고 있다. 따라서 성공하려면 변화하는 정보에 대해 빠르고 효과적으로 적응하고 대처하는 능력이 있어야 한다. 비판적 사고는 정보를 분석 및 판단하고 새로운 지식들을 통합하여 문제를 해결할 수 있도록 돕는다.

셋째, 비판적 사고는 당신의 창의성을 촉진한다. 창의적으로 문제를 해결하는 데는 새로운 아이디어만으로는 부족하다. 당신은 새로운 아이디어가 문제 해결에 얼마나 유용하고 적합한지를 평가하고 판단할 수 있어야 한다. 비판적 사고는 새로운 아이디어를 평가하고 최고의 아이디어를 선택 및 적용할 수 있도록 한다.

넷째, 비판적 사고는 자기 성찰에 큰 도움이 된다. 인생을 의미 있고 건설적으로 살기 위해서는 가치와 행동, 결정에 대해서 돌아볼 수 있어야 한다. 비판적 사고는 스스로 점검하고 평가하고 성찰할 수 있도록 도와준다.

다섯째, 비판적 사고는 학문적 성과를 높여준다. 린다 엘더는 비판적 사고가 잘 형성된 학생들은 배운 내용들 사이의 연결점들을 잘 찾으며 얻은 지식을 어떻게 현실에 적용할 수 있는지에 능하다고 말한다. 또한 그들은 더 깊고 높은 수준으로 개념을 잘 이해한다고 보았다.[*] 오늘날 대학교육의 성공에서 가장 중요한 기준은 학생들이 얼마나 독립적으

---

● Richard Paul and Linda Elder, "Critical Thinking: Implications for Instruction of the Stage Theory", Journal of Developmental Education, 1997, 20, p34

로 생각할 수 있는가이다. 비판적 사고는 학생들이 스스로 방대한 자료를 논리적인 틀로 분석하고 체계적이고 설득력 있는 방식으로 독자적인 생각을 전달할 수 있도록 한다.

여섯째, 비판적 사고는 당신이 올바른 판단을 할 수 있도록 돕는다. 비판적 사고를 통해서 당신이 결정을 내리거나 행동을 하기 전에 가능한 모든 대안을 생각해볼 수 있다. 또한 비판적 사고를 통해 이성적이고 합리적으로 생각한 것과 감정적으로 생각한 것을 구분할 수 있고 이로써 개인적 선입견과 고정관념에 빠지는 것으로부터 당신을 구할 수 있다. 당신은 당신의 관점뿐만 아니라 다른 사람의 관점을 이해함으로써 종합적으로 판단할 수 있고 이를 통해 올바른 결론에 이를 수 있다.

일곱째, 비판적 사고는 당신을 더 훌륭한 팀플레이어가 되게 하며 팀워크를 고취한다. 팀으로서 함께 일할 경우, 하나의 문제에 대해서 다양한 답이 쏟아지게 마련이다. 이 경우 비판적 사고는 당신이 동료들의 말에 대해서 더 잘 경청하고 이해 · 분석 · 판단할 수 있도록 도와준다. 당신의 합리적이고 논리적인 사고는 팀의 발전에 큰 도움이 된다.


## 비판적 사고를 극대화하는 질문들

이제 비판적 사고를 개발하고 향상시키는 질문들에 대해서 알아보자. 이 질문들은 비판적 사고를 구성하는 요소들, 예컨대 이해(Comprehension), 적용, 분석, 통합, 평가, 연역적 추론(Deduction), 귀납적 추론(Induction), 예증(Adduction), 반증(Refutation), 균형적 사고(Balanced thinking), 인과 추론(Causal reasoning), 윤리적 추론(thical reasoning), 창의적 사고(Creative thinking)를 향상시켜줄 것

이다.[*]

## 이해 질문

이 질문들은 정보를 당신에게 의미 있는 정보로 변환하는 데 도움을 준다. 노벨 물리학상을 받은 리처드 파인만은 교수로서 강의를 할 때 학생들이 일상에서 접할 수 있는 현상과 이를 통해 얻은 통찰력을 바탕으로 자연스럽게 고차원적인 물리학 개념을 설명하였다. 이를 통해 학생들은 난해하게만 여겼던 물리학에 쉽게 접근하고 개념을 깊이 이해할 수 있었다. 그의 독특한 강의법은 그가 어린 시절부터 어려운 개념을 자신의 언어로 표현해보고 자신의 방법으로 이해하려 노력했던 결과이다.

How can you explain        in your own words?

       을 당신의 언어로 어떻게 표현할 수 있는가?

What are some real examples of      ?

       의 실제 예시로는 무엇이 있는가?

How can you visually express     ?

       을 어떻게 시각적으로 보여줄 수 있나?

How can you teach       to others?

       을 다른 사람에게 가르친다면 어떻게 가르칠 수 있나?

[*] Joe Cuseo, "Questions that Promote Deeper Thinking", Oncoursenewsetter, http://oncourseworkshop.com / life-long-learning / questions-promote-deeper-thinking /

Benjamin, S. Bloom, "Taxonomy of Educational Objectives, Handbook 1:The Cognitive Domain", NY: David McKay Co., Inc., 1956

## 적용 질문

적용 질문은 추상적이고 이론적인 원리를 구체적이고 실용적인 상황에 적용할 수 있도록 도와준다.

How can you use _____?

_____ 을 어떻게 이용할 수 있을까?

How can you demonstrate _____ in real situations?

_____ 을 어떻게 실제 상황에서 실현할 수 있을까?

How can you apply _____ to detailed course of action?

_____ 을 어떻게 구체적인 행동 계획으로 전환시킬 수 있을까?

If _____ lacks realistic applicability, what is the reason?

_____ 가 현실성이 떨어진다면 그 이유는 무엇인가?

What is the relationship between _____ and _____?

_____ 는 _____ 와 어떤 관계가 있는가?

• real situation : 실제 상황

## 분석 질문

분석 질문은 정보를 작은 구성 단위로 나누고 해부하여 부분과 전체 사이에 어떤 관계가 있는지를 파악할 수 있도록 도와준다.

What are the components and their characteristics of _____?

_____ 의 구성요소는 무엇이고 각 특성은 무엇인가?

• characteristic : 특성

What is the most important factor among the components and ideas
that comprise _____?

_____ 를 구성하는 요소나 아이디어 중에서 가장 중요한 것은 무엇인가?

What is the assumption / fact that underlies _____?

_____ 라는 주장이 기초로 하고 있는 가정 / 사실은 무엇인가?

What are some similarities and differences when compared to _____?

_____ 와 비교해볼 때 비슷하거나 다른 점은 무엇인가?

What is the relationship between _____ and its overall plan, design, assertion, and
conclusion?

_____ 는 전체적인 계획 / 설계 / 주장 / 결론에 어떤 관계가 있는가?

How are _____ and _____ similar? How are they different?

_____ 는 _____ 와 어떻게 비슷한가? / 대조되는가?

Why is _____ important?

_____ 가 왜 중요한가?

• factor: 요인자 / 요소 • comprise: 구성하다
• assumption: 가정 • fact: 사실 • underlie: (무엇을) 기초로 하다
• when (it is) compared to: (무엇)과 비교될 때
• relationship between A and B: A와 B의 관계 • overall: 전체적인 / 전반적인 • assertion: 주장 • conclusion: 결론
• similar: 비슷한 • different: 다른

## 통합 질문

통합 질문은 흩어져 있는 정보 조각들을 모으고 연결시켜서 더 크고 복잡한 패턴을 형성하도록 도와준다. 예를 들어 통합 질문을 통해 철학 수업에서 배운 윤리적 개념을 경영 수업에서 배운 마케팅 개념을 통합 하여 비즈니스 마케팅과 판촉 행위에 대한 윤리적 지침을 만드는 것을

생각해낼 수 있다.

How can this idea integrate with _____ to create _____?

어떻게 이 아이디어가 _____ 와 통합되어 _____ 를 만들어낼 수 있을까?

Which ideas can be added to _____?

어떤 아이디어가 _____ 에 더 추가될 수 있을까?

How can these different _____ be reconstructed and reorganized so that they help to understand the big picture?

어떻게 이 구별된 _____ 들이 재구성되고 재조직되어 큰 그림을 종합적으로 이해하는 데 도움이 될 수 있을까?

● integrate with: (무엇과) 통합되다 ● create: 만들다 / 창조하다
● be added to: (무엇에) 추가되다
● reconstruct: 재구성하다 ● reorganize: 재조직하다

## 평가 질문

평가 질문은 적합한 기준을 통해서 아이디어나 데이터, 제품 등이 변함없는 사실인지, 목표에 부합하는지, 윤리적인지, 심미적인지 등을 비판적으로 판단할 수 있도록 도와준다.

What are the important standards to evaluate _____?

_____ 을 평가할 중요한 기준 / 표준은 무엇인가?

What impact will the evaluation of _____ have on people?

_____ 의 평가는 사람들에게 어떤 영향을 끼쳤는가?

● standard: 표준 / 기준 ● evaluate: 평가하다
● have impact on: (~에) 영향을 끼치다 / 영향력을 행사하다

Through _____ , what have you learned, acquired, and achieved?

_____ 를 통해 무엇을 배우고 얻어내고 성취하였는가?

Did _____ achieve its initial goals?

_____ 는 초기의 목표들을 잘 달성하였는가?

If _____ was not compatible with the goals and assumptions, what were the reasons?

_____ 가 목표나 가정에 부합하지 않는다면 그 이유는 무엇인가?

In the process of _____ , what worked and what did not?

_____ 의 과정에서 무엇이 잘되었고 무엇이 잘 안되었는가?

Can the results of _____ be repeated?

_____ 의 결과는 계속해서 재현 가능한가?

• acquire: 얻다 / 습득하다 • achieve: 성취하다

• initial goals: 초기 목표들

• be compatible with: (무엇)부합하다 / 양립하다 • assumption: 가정

• in the process of: (무엇)의 과정에서 • work: 효과가 있다 / 잘되다

• repeat: 재현하다 / 반복하다

## 연역적 추론 질문

이 질문은 논리적으로 일관되거나 일반적으로 적용되는 원리나 전제로부터 결론을 유도할 수 있도록 도와준다.

What conclusion can be drawn from _____ ?

_____ 로부터 유도될 수 있는 결론은 무엇인가?

If _____ is true, then what is the following logical result?

만약 _____ 가 사실이라면 그다음 뒤따르는 논리적 결과는 무엇일까?

• be drawn from: (무엇)으로부터 유도되다

• logical: 논리적인

If the results of _____ are false, then is our general concept and premise also false?

만약 _____ 의 결과가 틀렸다면 우리가 생각하는 일반적 개념과 전제가 역시 잘못된 것인가?

• false: 틀린 • concept: 개념 • premise: 전제

## 귀납적 추론 질문

이 질문은 개인적 또는 구체적 사례들을 통해서 일반화된 원리를 유도해내도록 도와준다. 이를 통해 당신은 한 예시에서 배운 개념을 유도하여 다른 예시에 적용 가능한 능력을 개발할 수 있다.

What are some common patterns or topics between _____ and _____?

_____ 와 _____ 사이에서 나타나는 공통된 패턴이나 주제는 무엇인가?

What is the more important and general meaning that can be extracted from _____?

_____ 로부터 끌어낼 수 있는 더 중요하고 일반적인 의미로 무엇이 있을까?

What is the broader concept implied within _____?

_____ 에 함축되어 있는 더 넓은 개념은 무엇일까?

• common: 공통된
• extract: 끌어내다 / 추출하다
• imply: 함축시키다

## 예증 질문

예증 질문은 주장 또는 연구 결과를 뒷받침해주는 근거나 증거들을 수집하여 당신의 주장을 탄탄하게 해주도록 해준다.

What is the evidence to support _____?

_____ 를 지지할 그 증거는 무엇인가?

What are the existing research reports or results that back _____?

_____ 를 뒷받침해주는 기존의 연구 보고나 결과로는 무엇이 있는가?

Is there consistency between the results of _____ and existing data?

_____ 의 결과가 기존의 참고 자료와 일관성이 있는가?

● evident to: (무엇에 대한) 증거 ● support: 지지하다
● existing: 기존의 ● back: 뒷받침하다
● consistency: 일관성

## 반증 질문

반증 질문은 예증 질문과 반대로 주장 또는 연구 결과에 반대되는 근거나 사례 또는 증거를 찾을 수 있도록 도와준다.

What is the evidence that refutes _____?

_____ 가 틀렸다는 증거는 무엇인가?

What are some research reports or results that contrast with the results of _____?

_____ 의 결과와 상반되는 기존의 연구 보고나 결과는 무엇인가?

● refute: 반증하다
● research report: 연구보고 ● contrast with: (무엇과) 대조되다 / 상반되다

## 균형적 사고 질문

이 질문은 하나의 주장 / 증거 / 이슈에 대해서 다양한 관점을 가지고 생각할 수 있도록 도와준다.

What are the strengths and weaknesses of _____?

_____ 의 장점과 약점은 무엇인가?

What are some evidences that support or refute _____?

_____ 를 찬성하거나 반대하는 근거 / 증거들은 무엇인가?

 What are some reasons to recommend or not recommend _____?

_____ 를 추천하거나 비추천하는 이유는 무엇인가?

What did other sources (books, magazines, newspapers, theses) claim about _____?

_____ 에 대해 다른 자료들 (책, 잡지, 신문, 논문)은 뭐라고 말하는가?

How do people of different races and nationalities think about _____?

_____ 에 대해 다른 인종, 다른 나라의 사람들은 어떻게 생각하는가?

How do people of different age groups and gender think about _____?

_____ 에 대해 나이나 성별에 따라 사람들은 어떤 생각을 가지고 있는가?

● source: 자료 ● claim: 말하다 / 주장하다
● race: 인종 ● nationality: 국적
● gender: 성별

## 인과 추론 질문

인과 추론 질문은 서로 다른 아이디어나 행동들 간의 인과관계를 파악할 수 있도록 도와준다.

How can you explain the causes for _____?

_____ 에 대한 원인을 어떻게 설명할 수 있는가?

● cause for: (무엇)에 대한 원인

What is the cause for _____?

_____ 의 원인은 무엇인가?

What is the decisive factor that caused _____?

_____ 가 발생하는 데 가장 큰 기여를 하는 원인은 무엇인가?

What impact does _____ have on _____?

_____ 가 _____ 에게 어떻게 영향을 끼쳤는가?

• decisive: 결정적인 • factor: 요인 • cause: 발생시키다

## 윤리적 추론 질문

이 질문들은 어떤 아이디어, 행동, 태도 등이 도덕적 윤리적으로 올바른지 / 그른지 또는 좋은지 / 나쁜지에 대해서 파악하는 데 도움이 된다.

How will people react to _____?

_____ 에 대해 사람들은 어떻게 반응할 것인가?

Is the process for _____ within the ethical boundaries and rules of society?

_____ 의 과정은 윤리적 범위, 사회 규칙 안에 있는가?

• react to: (무엇)에 반응하다
• the process for: (무엇)을 위한 과정 • ethical boundary: 윤리적 범위 / 테두리

## 20-1 생각의 힘을 키우는 일답삼문법

우리나라는 질문에 참으로 인색하다. 질문을 하면 방해하는 것, 흐름을 끊는 것, 권위에 도전하는 것으로 잘못 인식하는 경우도 다반사다. 이렇게 질문에 인색한 우리나라 분위기는 개인뿐만 아니라 사회 전반에서도 큰 손실이다. 질문을 못하는 것은 곧 생각을 못하는 것과 같기 때문이다. 생각이란 질문과 답변의 끊임 없는 과정이 아니던가!

생각의 힘을 극대화하기 위해 필요한 것이 바로 질문이다. 질문을 던지고, 의문을 품고, 그 답을 찾고자 노력할 때 비로소 생각의 힘이 자란다. 매일 일상 속에서 질문의 힘을 키울 방법은 무엇일까? 내가 '창의력 / 혁신'을 주제로 기업 강연을 할 때, 자주 공유하는 방법이 하나 있다. 바로 '일답삼문법'이다. 먼저 정말 궁금한 질문을 하나 잡는다. 그리고 그 질문에 스스로 답을 내보는 것이다. 또한 그 답으로 만족해하지 말고 세 가지 추가 질문을 하고 답을 내본다. 이 과정을 계속하다 보면, 하나의 질문이 세 가지의 질문이 되고 세 가지의 질문이 다시 아홉 가지의 질문이 된다. 일답삼문법을 통해서 당신의 생각은 기하급수적으로 증가한다. 이로써 좋은 질문을 선정하는 감각을 얻게 되고, 어떻게 생각들이 연결되어 큰 개념을 이루어나가는지를 깨닫게 될 것이다.

## 20-2 열정 분야 영어 취재해보기

당신의 평소 열정 분야는 무엇인가? 누가 시키지 않아도 꾸준히 자발적으로 하는 분야가 한 가지씩 있다. 그 한 가지를 '일답삼문법'을 활용해서 영어로 취재해보는 것이다. 이를 통해 긴밀하게 연결된 '영어질문-영어답' 취재 내용이 확보되니, 이를 기반으로 사람들 앞에서의 영어 말하기와 영어 작문을 할 수 있다. 나의 경우, 이 방식으로 책을 쓰거나 강연 자료를 만든다. 2018년 내 강의 내용 예시를 들어본다.

**1**

**What is Question Intelligence?**

**질문지능이란 무엇인가?**

▸ Question intelligence is an essential ability in our lives that decide what we think. The quality of the questions imposes great impact on the quality of life. Furthermore, every question and its quality dictates the focus of thought and concentration levels.

▸ 질문지능은 우리가 생각하는 것을 결정하는, 우리의 삶에 매우 본질적인 능력이다. 질문의 수준은 삶의 수준에 강력한 영향력을 끼친다. 또한 질문을 던지는 순간마다 질문의 수준이 생각의 초점과 집중력을 결정한다.

**1-1**

**Are there any examples that questions have great impacts on our thought and mind?**

**질문이 우리 생각과 마음에 영향을 끼친다는 예시가 있는가?**

▸ A pessimistic question will yield a pessimistic answer, while an optimistic question will return an optimistic answer. For example, if a series of unfortunate events spur questions like "why do these events only happen to me?" or "why me?" then these questions will focus one's thoughts on the failures of life. In contrast, positive questions such as "where is the silver lining in this situation?" and "what can I do to enjoy the process of overcoming this problem?" will provide elation in mood and help to effectively resolve the problem.

▸ 만약 부정적인 질문을 던진다면 부정적인 답을 얻을 것이고 긍정적인 질문을 던진다면 긍정적인 답을 얻을 것이다. 예컨대 반복적으로 기분 나쁜 상황에 있을 때, "대체 왜 이런 일들은 항상 나에게만 일어나는 가?", "왜 항상 나일까?" 하는 질문은 자신의 생각을 인생 실패에 집중 시킬 것이다. 반대로 "이 상황에서 좋은 점들은 무엇인가?", "이 문제를 해결하는 과정을 즐기기 위해 할 수 있는 것은 무엇인가?" 하는 긍정적 질문은 자신의 감정을 상승시키고 효과적으로 문제를 해결할 수 있도 록 도와준다.

## 1-2

### Can you learn something effectively through questions?

### 질문으로 뭔가를 효과적으로 배우기도 할까요?

▸ One can learn anything through question intelligence. Question intelligence allows one to view from multiple perspectives and provides insight that leads to the core of the problem. In addition, question intelligence yields new ideas, and helps to find more effective solutions. In academic settings, question intelligence improves academic results and promotes active participation in the learning process. Furthermore, question intelligence lays the foundation for an overall positive influence on families, organizations, and societies.

▸ 질문지능을 통하면 무엇이든 배울 수 있다. 질문지능은 다양한 각도에서 대상을 바라보게 해주고 문제의 핵심에 이를 수 있는 통찰력을 제공한다. 또한 질문지능은 새로운 아이디어를 제공하고, 더 나은 해결책을 찾도록 돕는다. 학습 환경에서 질문지능은 학습 결과를 향상시키며 배움의 과정에 더욱 주도적으로 참여할 수 있도록 만든다. 더 나아가 질문지능은 사회 조직과 가정, 그리고 사회 전반에 걸쳐 선한 영향을 끼치는 초석 역할을 한다.

## 1-3

**Who is the best person that succeeded in a certain field through asking good questions?**

**질문하는 것을 통해서 어떤 분야에 성공한 최고의 사람은 누구인가?**

▸ Socrates, a philosopher of ancient Greece, once admitted that "I know that I know nothing." Having accepted his own ignorance, he continuously questioned the unknown and as a result acquired wisdom and enlightenment. Through repetitive questioning, he mastered deep conceptual understanding and founded new ideals, principles, and philosophies previously unknown to his contemporaries. His accomplishments became the philosophical foundation of Western philosophy. We must strive to become individuals with excellent question intelligence like Socrates.

▸ "나는 내가 아무것도 모르는 것을 안다"라고 고백했던 고대 아테네의

철학자 소크라테스. 그는 무지를 인정하고 모르는 것에 대해 끊임없이 질문하여 지혜와 깨달음을 추구했다. 거듭된 질문을 통해 그는 개념에 대해 깊이 있게 이해하고 당대의 사람들이 의식하지 못한 새로운 사상과 개념, 철학을 만들었다. 그것은 이후 서양의 철학적 토대가 되었다. 21세기 혁신과 변화의 시대에 살고 있는 우리가 지향해야 할 것은 바로 소크라테스처럼 질문지능이 뛰어난 존재가 되는 것이다.

# ENGLISH IN

원서 읽기가 바로 되는 영어 공부 혁명

# ELLIGENCE

원서 읽기 실전

# The One Thing that changes your life

지금부터는 내가 아마존에 출판한 《Question Intelligence》 책을 통해 원서 읽는 연습을 할 것이다. 정말로 독자들에게 도전의 용기를 주고 독자들의 삶을 긍정적으로 바꿀 수 있는 내용만을 엄선했다. 지금까지 배운 모든 것을 활용하면 원서의 내용을 이해할 수 있을 것이다. 최대한 당신이 직접 이해하고 해석해보려고 노력해보라. 번역은 참고용으로만 보기 바란다.

◆

Do not let trivial tasks waste your valuable time. Do not forget the paradoxical truth about focusing on minimal tasks for greater achievements. And so Gary Keller asks his readers.

• trivial tasks: 사소한 일들 • waste: 낭비하다 • paradoxical truth: 모순적 진리 • minimal: 최소의

◆

"What is the one thing that when achieved, it makes other tasks easier to complete, and even unnecessary?"

• easier to complete: 완료되기 더 쉬운 • unnecessary: 불필요한

Through the "one thing" question, you will be able to pinpoint the one most important task for your goals. Invest your valuable time to realize that one thing. Success will blossom through your life's most important one thing.

• pinpoint: 콕 집다 • blossom: (꽃이) 만개하다

I hope that by asking yourself this question and habitually answering these one thing questions, you will perform tasks that realize your most important values. As a result, you will achieve your greatest success in the most important responsibilities.

• habitually: 습관적으로 • perform tasks: 일 / 업무를 수행하다 • as a result: 그 결과

- What is the one thing to increase your wealth? ▸ Wealth
- What is the one thing to improve your company's competitive
  ▸ Entrepreneurship
- What is the one thing to improve human relationship?
  ▸ Human relationships
- What is the one thing to decrease daily stress? ▸ Quality of life
- What is the one thing to succeed in weight loss? ▸ Health
- What is the one thing to do to discover and affirm life's purpose? ▸ Life
- What is the one thing to do to enjoy the best vacation?
  ▸ Leisure
- What is the one thing to increase your salary? ▸ Occupation

• wealth: 부 • improve: 개선하다 • human relationship: 인간관계 • daily stress: 매일의 스트레스
• succeed in weight loss: 체중 감량에 성공하다 • occupation: 직업

ENGLISH INTELLIGENCE

## 당신의 삶을 바꾸는 한 가지

사소한 일들이 당신의 소중한 시간을 빼앗지 않게 하라. 더 많은 성과를 원할수록 더욱더 적은 일에 집중해야 한다는 역설적 진리를 잊지 마라. 게리 켈러는 묻는다.

"성취할 경우 다른 모든 일을 쉽게 하거나 불필요하게 만드는 단 한 가지의 중요한 일(The One thing)은 무엇인가?"

당신은 이 '원씽 질문'을 통해 무엇이 나에게 가장 중요한 것인지, 즉 나의 그 한 가지 일, 원씽을 찾을 것이다. 앞으로 당신의 소중한 시간 대부분을 그 원씽을 위해 일하라. 성공은 인생에서 가장 중요한 원씽을 통해 꽃피우게 된다.

매일 이 원씽 질문에 답하는 습관을 굳히고 이 질문을 통해 당신에게 가장 중요한 가치를 창출할 일을 꼭 하길 바란다. 그 결과 당신은 가장 중요한 일에서 최고의 진전을 이뤄낼 것이다.

• 순자산을 늘리기 위해 할 수 있는 원씽은 무엇인가? ▸ 지금

- 더 경쟁력 있는 회사로 만들기 위해 할 수 있는 원씽은 무엇인가?

  ▸사업

- 인간관계를 향상시키기 위해 할 수 있는 원씽은 무엇인가?

  ▸인간관계

- 일상에서 스트레스를 줄이기 위해 할 수 있는 원씽은 무엇인가?

  ▸삶의 질

- 다이어트 성공을 위해 할 수 있는 원씽은 무엇인가?

  ▸건강

- 인생 목적을 발견 및 확인하기 위해 할 수 있는 원씽은 무엇인가?

  ▸인생

- 인생 최고의 휴가로 만들기 위해 할 수 있는 원씽은 무엇인가?

  ▸여가

- 연봉을 높이기 위해 할 수 있는 원씽은 무엇인가?

  ▸직장

## The Story of Facebook

이번 장에서는 '페이스북'의 탄생 이야기를 통해 어떻게 도전정신과 의지력을 키울 수 있는지에 대해 알아보자.

◆

On February 4, 2004, then 19-year old Mark Zuckerberg launched a social network service called "thefacebook" in his 'H33' of Kirkland House dormitory at Harvard. On the first day of its launch, 650 Harvard undergraduates signed up and in three weeks, over half of the student body registered, totaling over 6,000 users. In June of that same year, Zuckerberg received investments from Peter Thiel, the co-founder of PayPal, and relocated his company to Palo Alto, California. Afterwards, he changed his company name from "thefacebook" to a simpler "Facebook."

• launch: 개시하다 • undergraduate: 학부생 • sign up = register: 가입하다
• total: 다 합쳐서 ~되다 • investment: 투자 • relocate: 주소 옮기다 • Afterwards: 이후

◆

In March of 2005, Facebook launched its service in Stanford University, Columbia University, and Yale University, and soon expanded its reach to the Ivy Leagues and colleges and high schools of the United States and Canada. In September of 2006, Facebook allowed anyone with an email address to register and spread its network across the globe. Now, over 1.5 billion people use Facebook globally, and the company's net worth is estimated to be over $279 billion.

• expand its reach: 영역을 확장하다 • allow A to 동사: A가 무엇하게 하다 • spread: 펼치다
• across the globe: 지구 전체에 • globally: 전 세계적으로 • net worth: 순가치
• be estimated to be: 추정하건대 ~이다.

◆

Surprisingly, Mark Zuckerberg did not create Facebook from nothing, but rather began by emulating a previously existing social network service. At the time, there were other social networks including Friendster and MySpace. Even at Harvard, there was a social network called Harvard Connection already in use. In November of 2003, the founders of Harvard Connection, Cameron and Tyler Winklevoss, were seeking a competent programmer with a purpose of expanding their service to all universities of the world. In their search, they came across none other than Zuckerberg. Zuckerberg had been suspended from school due to the Facemash incident, and his fame had already grown rampant. The Winklevoss twins revealed Harvard Connection's programming codes, values, and purpose to Zuckerberg. Afterwards,

Zuckerberg began to program for the twins. However, in three months, what Zuckerberg released to the world was not Harvard Connection, but instead "thefacebook."

◆

What happened in those three months? Zuckerberg indeed performed the tasks given to him by Harvard Connection. However, in the process, he asked

himself "why not?" "Why can't it be me? Is there a reason why I myself can't create the best social network?" Zuckerberg was familiar with the popularity of previously successful Friendster, MySpace, and other blogging websites. However, in his eyes, there still was no trustworthy community where information was conveniently shared. Like Cyworld of Korea, Friendster and MySpace provided a platform where individuals decorated their own page with profiles, posts, pictures, and other media contents, treating the space as their own, personalized website.

◆

While these platforms had an advantage of providing flashy, personalized home pages, it relatively lacked the ability to easily connect users and create an online community through sharing of information. Zuckerberg decided to focus on this deficiency. He designed his service by emphasizing simplification and consistency among all individual profiles. In addition, he allowed easy searches for friends and acquaintances so that anyone can easily

build a large community. Furthermore, he installed the News Feed so that people can instantaneously share posts, pictures, and other media contents. These differences proved to be the keys to differentiate Facebook from other social networks and lead it to success.

● flash: 화려한 ● deficiency: 취약점 ● simplification: 단순화
● consistency: 통일성 ● acquaintances: 지인들 ● prove to be = turn out to be: ~로 드러나다
● differentiate: 차별화하다 ● lead: 이끌다

# 페이스북 이야기

2004년 2월 4일, 당시 19세였던 마크 저커버그는 하버드대학교의 기숙사 '커클랜드 하우스' 룸H33에서 소셜 네트워크 서비스 '더페이스북(thefacebook)'을 온라인에 올렸다. 첫날 하버드 대학생 650명이 가입했고, 3주 만에 전체 학생의 절반이 넘는 6천 명 이상이 가입했다. 그해 6월 페이팔의 공동 창립자인 피터 티엘로부터 투자를 받았고 캘리포니아주의 팔로알토로 회사를 옮겼다. 그리고 회사의 이름을 '더페이스북'에서 간단하게 '페이스북'이라고 바꿨다.

2005년 3월, 페이스북은 스탠퍼드대학교, 컬럼비아대학교, 예일대학교에 서비스를 시작했고 아이비리그의 대학교를 거쳐 미국과 캐나다 대부분의 대학교와 고등학교에까지 진출했다. 2006년 9월, 페이스북은 전자우편 주소를 가진 사람이면 누구나 가입할 수 있게 했고 전 세계로 확장해 나아갔다. 현재 전 세계의 15억 인구가 페이스북을 이용하고 있으며, 페이스북의 가치는 300조 원 이상으로 추정되고 있다.

사실, 마크 저커버그는 페이스북을 무에서 유로 창조한 것이 아니라 이미 존재했던 소셜 네트워크 서비스를 모방함으로써 시작했다. 당시 미국에는 프렌드스터(Friendster), 마이스페이스(MySpace) 같은 소셜 네트워크가 있었다. 하버드대학교 내에도 이미 하버드 커넥션(Harvard Connection)이라는 소셜 네트워크가 있었다. 2003년 11월 하버드 커넥션의 캐머론 윙클보스와 타일러 윙클보스 형제는 전 세계의 대학으로 사업을 확장한다는 목표를 가지고 실력 있는 프로그래머를 구하고 있었다. 그들의 눈에 띈 것은 다름 아닌 마크 저커버그였다. 당시 마크 저커버그는 페이스매시(Facemash) 사건 때문에 학교 측으로부터 근신 처분을 받았고, 그만큼 유명세를 떨치고 있었다. 윙클보스 형제는 하버드 커넥션의 프로그램 코드와 가치, 목적을 마크 저커버그에게 공개했다. 이후 마크 저커버그는 그들을 위해 프로그래밍하기 시작했다. 하지만 그가 3개월 뒤 세상에 공개한 것은 하버드 커넥션이 아니라 더페이스북이었다.

어떻게 된 것일까? 마크 저커버그는 하버드 커넥션이 요청하고 맡긴 일을 분명 수행했다. 하지만 그 과정에서 그는 Why Not 질문을 스스로 던졌다. '나라고 왜 안 되겠는가? 내가 직접 최고의 소셜 네트워크를 만들지 못할 이유가 어디 있는가?' 마크 저커버그는 당시 미국에서 성공을 거둔 프렌드스터와 마이스페이스 그리고 갖가지 블로그 사이트의 인기를 잘 알고 있었다. 하지만 그가 보기에 쉽고 편안히 정보를 공유하며 신뢰할 만한 커뮤니티를 만드는 곳은 없었다. 프렌드스터와 마이스페이스는 한국의 싸이월드처럼 개인 웹사이트 공간을 제공하여 사용자들이 자신의 공간을 취향에 맞게 꾸미고 프로필, 글, 사진, 미디어를 올릴 수 있는 플랫폼을 제공했다.

그것들은 화려한 개인 홈페이지를 제공한다는 장점이 있었지만 쉽게 사용자들끼리 서로 연결되고 정보 공유를 통한 온라인 커뮤니티를 구축하는 데에는 상대적으로 취약했다. 마크 저커버그는 바로 이 점에 집중했다. 그는 개인 프로필 공간을 최대한 단순하고 통일성 있게 만들었다. 그리고 이미 알고 있는 지인, 친구 들을 바로 찾을 수 있게 하여 누구나 쉽게 큰 커뮤니티를 구축할 수 있게 했다. 그리고 뉴스 피드(News Feed)를 통해 실시간으로 글, 사진, 미디어를 공유할 수 있도록 했다. 이것이 그가 만든 페이스북이 다른 소셜 네트워크 시스템과 차별화되는 부분이자 성공한 이유이다.

# How to Teach a Foreign Language to Children

세 번째 원서 읽기는 자녀에게 어떻게 외국어를 가르칠 것인가에 대한 이야기다. 자녀의 영어교육에 관심이 있다면 도움이 될 것이다.

European children and adolescents are so proficient in a foreign language that they most speak at least two languages. While their schools' excellent foreign language education system is certainly a cause, the biggest reason is because their parents are bilingual. European parents speak two languages in their daily lives. In such an environment, children naturally also become bilingual.

• adolescent: 청소년 • proficient: 능숙한 • their schools': 그들의 학교의 • certainly: 분명 (=definitely)
• bilingual: 2개 국어를 하는 • In such an environment: 그런 환경에서

In India, where 1,000 languages exist, there are more astonishing phenomena. Indian children speak four to five languages. Is their multilingual ability traceable to their superior intelligence? No, it is not. The Indian government mandates both Hindi and English to be taught at schools. Students who have received basic education can speak both Hindi and English. In addition, India has different dialects for different states of the country. Children usually learn both dialects of their parents. In more extreme cases, children also learn the dialects of their grandparents. Meanwhile, the rate of international marriage has been increasing in today's world of globalization. In households of international marriages, children learn the languages of their parents' countries. The linguistic ability is an obvious result. The crux of these cases is that children naturally learn a foreign language if parents speak it at home. Even if they cannot proficiently speak a foreign language, their parents can help their children learn it with diligent effort. As emphasis, the key to foreign language education is daily habitualization.

• astonishing phenomena: 놀라운 현상들 • four to five: 네 개에서 다섯 개
• traceable: 추적 가능한 / 찾을 수 있는 • superior intelligence: 우월한 지능
• mandate A to 동사: A가 ~하는 걸 의무화하다 • dialect: 방언 / 사투리 • meanwhile: 한편
• household: 가정 • linguistic ability: 언어적 능력 • obvious: 분명히 보이는 / 분명한
• crux: 핵심(가장 중요한 부분) • daily habitualization: 매일 습관화

◆

In the case of South Korea, parents spend a massive amount of money into their children's English education. According to Korea Development Institute, Korean parents spend an incredible amount of $5 billion a year in private English education for after-school programs, tutors, and overseas events. Despite these efforts, the harsh reality is that learning English is a painful task to accomplish without extended stays overseas. It is an impossible mission for most parents, especially considering the financial factors for children to live overseas. Korean parents interested in English education should be ashamed for not habitualizing the use of English on a daily basis. Parents can habitualize the use of English with their children even if they are not fluent. Parents can read a simple book or magazine together, or watch an English movie or television show with children. Even without fluency, family members can spend a lot of their time to express their thoughts and feelings in English. If too difficult, then family members can use their comfortable language to help understanding and slowly expand their English use with increased proficiency. In addition, creating a family English speaking contest to provide opportunities for speaking English is a great method. Traveling overseas together to gain opportunities to speak a foreign language is also beneficial.

- a massive amount of: 거대한 양의 • an incredible amount of: 믿을 수 없는 양의
- private English education: 영어 사교육 • afterschool: 방과 후의
- despite~: ~에도 불구하고 • harsh reality: 혹독한 현실 • overseas: 해외의 / 해외에서 / 해외로
- a painful task to accomplish: 달성하기 고통스러운 일
- especially considering the financial factors for children to live overseas
  : 아이들이 해외에서 사는 재정적 요인을 특별히 고려하면 / 고려할 때
- be ashamed for not habitualizing: 습관화하지 않는 것을 부끄러워하다
- on a daily basis: 매일 • fluent: 유창한 • beneficial: 유익한

253

◆

By showing their passionate efforts to learn, parents can help children to emulate and naturally learn a foreign language. Furthermore, children can also increase their ability to think in another language once they realize the fact that foreign languages are not memorization tasks, but tools for communication.

• naturally: 자연스럽게 • once they realize the fact: 한 번 그들이 그 사실을 깨달으면
• memorization: 암기

ENGLISH INTELLIGENCE

## 자녀에게 외국어 가르치는 방법

유럽의 어린이, 청소년 들은 2개 국어를 기본으로 할 정도로 외국어를 잘한다. 그 이유로 학교의 우수한 외국어교육 체계를 빼놓을 수 없지만 가장 큰 이유는 부모가 2개 국어를 기본으로 하기 때문이다. 유럽의 부모들은 모국어와 외국어를 생활화한다. 이런 환경 속에서 자라는 자녀는 당연히 외국어를 자연스럽게 습득한다.

1,000개 정도의 언어가 존재하는 인도의 경우 더욱 놀라운 일이 벌어진다. 인도의 아이들은 4개 내지 5개 국어를 기본으로 한다. 그들의 지능이 다른 민족에 비해 높아서 여러 개 국어를 구사하는 것일까? 아니다. 인도 정부는 힌디어와 영어를 공용어로 채택해 학교에서 가르치도록 규정한다. 따라서 기본적인 교육을 받은 인도의 학생들은 힌디어와 영어 2개 언어를 구사한다. 또한 인도는 각 주마다 서로 다른 공식 언어를 가지고 있다. 인도 부모의 자녀들은 보통 아버지 쪽의 주 언어와 어머니 쪽의 주 언어를 습득한다. 심지어 언어 능력이 발달한 경우 할아버지, 할머니의 주 언어까지 습득하는 경우도 있다. 한편, 오늘날 세계

화 시대에서 국제결혼의 비율이 점점 높아지고 있다. 국제결혼을 한 부모의 경우 자녀는 아버지 나라의 언어와 어머니 나라의 언어를 모두 습득해버린다. 이것은 거의 무조건이다. 이러한 예를 통해 결국 말하고자 하는 핵심은, 부모가 집에서 외국어를 생활화하면 자녀는 자연스럽게 외국어를 배운다는 것이다. 비록 부모가 외국어를 능수능란하게 구사하지는 못할지라도 집에서 외국어를 생활화하려고 노력하면 자녀는 자연스럽게 외국어를 구사할 수 있다. 다시 강조하자면, 외국어교육의 핵심은 바로 '생활화'다.

우리나라의 경우 특별히 자녀의 영어교육에 엄청난 돈을 투자한다. 한국개발연구원에 따르면 우리나라 부모들은 영어 학원, 영어 과외, 해외 유학 등 자녀의 영어교육을 위해 한 해 6조 원 정도의 엄청난 사교육비를 지출한다고 한다. 그럼에도 자녀가 오랜 시간 외국에서 살지 않는 이상 영어는 평생 고통스러운 숙제가 되는 것이 현실이다. 게다가 자녀를 영어권 국가에서 오랫동안 생활할 수 있도록 하는 것은 경제적인 측면에서 대부분의 부모에게 거의 불가능한 미션이다. 영어교육에서 우리나라 부모가 심각하게 반성해야 하는 것은 영어를 생활화하지 않는다는 사실이다. 부모가 영어를 완벽하게 하지 않아도 자녀와 함께 영어를 생활화할 수 있다. 자녀와 함께 수준에 맞는 영어 책과 잡지를 읽는다든지 재미있는 영어 드라마, TV쇼를 본다든지 말이다. 좀 서툴더라도 시간을 정해 서로 자신의 생각과 느낌을 영어로 함께 표현해볼 수도 있다. 이것이 많이 힘들다면 처음에 우리나라 말과 영어를 섞어서 말하고 차차 표현력이 길러지면 영어로 말하는 비중을 높여나가면 된다. 또한 가정에서 영어 말하기 대회를 열어서 온 가족이 함께 참여하는 것도 좋다. 함께 외국으로 여행을 가 영어로만 말해보는 기회를 가질 수도 있다.

　이렇게 부모가 공부하는 모습을 자녀들은 그대로 따라 하고 즐겁게 외국어를 배울 것이다. 또한 외국어가 시험을 위한 암기 과목이 아니라 의사소통을 위한 언어라는 사실을 자녀가 깨닫는다면 외국어로 사고하는 능력 또한 기를 수 있을 것이다.

## The Spirit of Challenge

이번 원서 읽기 내용은 도전정신에 대한 것이다. 실패를 두려워하지 않고 도전하는 정신이 성공하는 데 왜 중요한지 깨닫는 시간이 되길 바란다.

◆

Do You Have the Spirit of Challenge and Not Fear Failure?

About creativity, Pablo Picasso said these words:

"All children are artists. The problem is how to remain an artist once he grows up"

Ken Robinson, a British professor of education, interpreted Picasso's words as:

"All children have amazing talents. The problem is that our education and society's systems hopelessly depress these talents."

• the spirit of challenge: 도전정신 • fear failure: 실패를 두려워하다 • remain: ~로 남다
• interpret: 해석하다 / 통역하다 • hopelessly: 절망적으로 • depress: 떨어뜨린다

◆

There is a common trait among most innocent children. It is that they try new things even if they are unsure. Children do not fear in the possibility of making a mistake. To adults, children's ceaseless curiosity and exploration look creative and new. Of course, mistakes will not always lead to creative results. Conan O'Brien, a famous American TV host, borrowed from Nietzsche's words and said:

"Nietzsche famously said, 'whatever doesn't kill you makes you stronger.' What he failed to stress is that it ALMOST kills you."

• a common trait: 하나의 공통 속성 • most innocent children: 대부분의 순수한 어린이 • unsure: 불확실한 • make a mistake: 실수하다 • ceaseless curiosity and exploration: 끝없는 호기심과 탐구 • whatever doesn't kill you: 너를 죽이지 않는 것 무엇이든 • what he failed to stress: 그가 강조하지 않았던 것

◆

However, what you must never forget is life's truth that you will not produce creative results without a mindset that does not fear mistakes or failures. As children become adults, they also begin to live with worries about failures and soon lose their creativity. Similarly, the core within creative, innovative companies also lies in this truth. It is facing new challenges and experimentation after overcoming the fear of mistakes and failures.

• life's truth that ~: ~라는 인생의 진리 • similarly: 이와 비슷하게 • the core: 핵심 • lie in ~: ~에 있다 • experimentation: 실험하기

◆

An important principle within Toyota's production system is to 'go to the site and see with your own eyes.' In 2004, when Toyota was developing its new Sienna minivan for its target market in

North America, the company struggled to gain adequate data to understand customer needs and ways to improve the vehicle. After much consideration, Toyota decides to take a plunge. Toyota sent teams to all states of the United States, Canada, and Mexico to drive and directly observe their customers. With every focal point of Sienna's development, Toyota conducted field tests with local customers and recorded their results. After much dedication of time and effort in the effort, Toyota was able to discover a very important fact about the North American market.

• an important principle: 중요한 원칙 • production system: 생산 시스템
• the company struggled to gain adequate data to understand customer needs
: 회사는 적당한 데이터를 얻기 어려워 고객 니즈를 이해하는 게 어려웠다
• take a plunge: 과감히 시행하다 • every focal point: 모든 초점 • dedication of time: 시간 헌신
• effort in the effort: 노력에 노력

◆

It was that while the owners of the vehicle will be parents or grandparents, it is the children who have the greatest impact in the buying decision. Unlike Japanese families, North American people frequently travel long distances as families and thus the best cars are those that provide most comfort to children during these trips. As a result, Toyota invested significant resources into comfortable interior design and reaped huge success as a result. The 2004 Sienna, compared to its 2003 counterpart, improved its sales by 60 percent.

• it was that~: 그건 ~였다
• it is the children who have the greatest impact: 어린이들이 바로 가장 큰 영향을 끼친다
• frequently: 자주 • reap: (수확물 등)을 거두다 • as a result: 그 결과

Zappos, the world's biggest online shoe store, is a company that raises approximately $900 million in revenues per year. While it has now become the blueprint of customer-friendly online businesses, Zappos also endured through a difficult beginning. Nick Swinmurn founded Zappos in 1999 after realizing the fact that there were no online stores that only sold shoes. However, without market data about online shoe stores, he had little confidence in its possibility of success. Also, there were several incidents of bankruptcy filed by online stores, such as Webvan and Pets.com, so following the conventional business model for online stores consisting of inventory, distribution, and discount items seemed risky. At the end, Zappos decided to test all possibilities.

• raise: (돈을) 거두다 / 벌다 • approximately: 대략
• $900 million in revenues per year: 년마다 매출 $900 million • blueprint: 청사진
• customer-friendly: 고객 친화적 • endure through: 겪다(go through)
• he had little confidence in: ~에 자신이 없었다
• incidents of bankruptcy filed by online stores: 온라인 스토어에 의해 제기된 파산 사건들
• risky: 위험한

Zappos first began to test whether customers even have the desire to purchase shoes online. The employees visited local shoe stores and asked to take pictures of their shoes to post online. Afterwards, the employees would see whether customers were willing to purchase shoes online for the same price. In addition, Zappos tested payment methods, return policies, rewards for customers, and discount methods to determine the best options.

• whether customers even have the desire: 고객들이 욕구가 있는지
• be willing to: 기꺼이 ~하다

◆

Through direct experimentation, Zappos was able to investigate actual purchasing behaviors of customers and acquired accurate data on customer needs. Furthermore, these experiments required Zappos to interact with customers, allowing the company to better predict customer behavior based on its business plan. For example, it acquired insight on customer impression of value of shoes based on discount prices. Finally, these new endeavor instilled organization culture that encouraged learning from new experiences without fearing disappointments.

• investigate: 조사하다 • actual purchasing behavior: 실제 구매 행동 • furthermore: 게다가
• based on~: ~에 기초로 / 근거해서 • instill: 스며들게 하다 • encourage: 격려하다

# 도전정신

실패를 두려워하지 않는 도전정신, 실험정신이 있는가?

파블로 피카소는 창의성에 대해서 다음과 같이 말했다.

"모든 어린이는 예술가로 태어난다. 하지만 문제는 어린이들이 자라면서 그 예술성을 유지시키는 것이다."

영국의 교육학자 켄 로빈슨은 파블로 피카소의 말을 이렇게 해석했다.

"저는 모든 어린이가 대단한 재능을 갖추고 있다고 생각합니다. 하지만 교육과 사회 시스템이 이런 재능을 가차 없이 억누르고 있지요."

대부분의 순수한 어린이에게는 한 가지 공통점이 있다. 그것은 잘 모르더라도 새로운 시도를 한다는 것이다. 어린이들은 실수할까 봐 두려워하지 않는다. 어린이들의 끊임없는 호기심과 시도들은 어른이 보기에 독창적이고 새로운 시도이다. 물론 실수가 반드시 창의력을 발휘하는 것으로 이어지지 않는다. 미국의 유명 방송인 코난 오브라이언은 철학자 니체의 말을 인용하여 말했다.

"니체는 이렇게 말했습니다. 뭐든지 당신을 죽이지만 않는다면 그것은 당신을 강하게 만들 것입니다. 하지만 그가 강조하지 않았던 것은 그 실패가 당신을 거의 반죽음의 상태로 만들 수 있다는 것입니다."

그러나 당신이 잊지 말아야 할 진리는, 당신이 실수하거나 실패해도 괜찮다는 마음이 없다면 당신은 창의적이고 독창적인 결과를 만들어낼 수 없다는 것이다. 원래 창의력을 가지고 태어난 어린이들이 성인이 되어가면서 점차 실수, 실패에 대한 두려움과 걱정을 하며 살게 되고 점점 창의력이 없어지게 된다. 창의적이고 혁신적인 기업 조직의 본질도 마찬가지다. 바로 실수, 실패에 대한 두려움을 극복하고 끊임없이 새로운 시도와 실험을 시도하는 것이다.

도요타의 생산 시스템에서 가장 중요한 원칙 중 하나는 현지에 가서 현지 상황을 직접 보라는 뜻의 '현지현물(現地現物)'이다. 2004년 도요타가 북미 시장을 타깃으로 새로운 시에나 미니밴을 개발할 때 도요타는 북미 고객이 무엇을 원하며 미니밴을 어떻게 개선하고 어떤 기능에 집중해야 하는지에 대한 데이터가 부족하여 개발에 큰 난항을 겪고 있었다. 고민 끝에 도요타는 대담한 실험을 결정한다. 도요타는 미국, 캐나다, 멕시코의 모든 주에 직접 팀을 보내서 실제 도로 주행을 하며 현지 고객들을 관찰했다. 그리고 도요타가 시에나 미니밴 개발에서 중점을 두고 있는 것 하나하나를 현지 사람 대상으로 테스트했고 그들의 반응을 기록했다. 오랜 시간 많은 사람의 땀과 수고가 들어간 이 실험 끝에 도요타는 북미 시장에서 매우 중요한 사실을 발견해낼 수 있었다.

그것은 미니밴을 소유할 사람은 부모와 조부모겠지만 실제 가장 중요한 영향력을 끼치는 것은 아이들이라는 것이다. 북미 사람들은 일본 사람들과 달리 가족 단위로 장거리 여행을 많이 다니기 때문에 장거리 여행에 가장 민감하게 반응하는 아이들이 편안할 수 있는 차가 제일 좋은 차라는 것이다. 그 결과를 토대로 도요타는 가장 편안한 내부 구조와 인테리어 구축에 엄청난 돈을 투자했고 결국 대성공을 이루었다.

2004년 새로운 시에나 미니밴은 2003년 모델에 비해서 60퍼센트 증가한 판매 실적을 달성했다.

세계 최대의 온라인 신발 가게 자포스는 연간 총매출 1조 원 이상을 달성하는 기업이다. 지금은 고객 친화적 온라인 비즈니스의 최고 롤모델이 되었지만 그 시작은 쉽지 않았다. 창업자 닉 스윈먼은 신발만을 위한 온라인 쇼핑몰이 존재하지 않는다는 사실을 알고 난 후 1999년 자포스를 창업했다. 하지만 온라인 신발 가게에 대한 기존의 마켓 데이터가 전혀 없었기 때문에 사업의 성공 여부에 대한 확신이 부족했다.

그리고 창업 당시, 'Webvan'이나 'Pets.com' 같은 온라인 쇼핑몰이 망하는 사례가 있었기 때문에 창고 구축, 유통 파트너의 관리, 특가 판매로 구성된 기존의 온라인 비즈니스 모델을 따르는 것에도 큰 두려움이 있었다. 자포스는 결국 모든 것을 실험하기로 결정한다.

자포스는 고객들이 정말로 온라인을 통해 신발을 구매할 의사가 있는지부터 실험을 시작했다. 직원들은 지역 신발 가게들에 방문하여 허락을 구한 뒤 신발들의 사진을 찍고 사진을 온라인에 올렸다. 얼마 후 직원들은 신발 가게에 방문하여 고객들이 같은 가격을 내고 온라인을 통해 신발을 구입했는지 알아봤다. 또한 자포스는 신발을 팔기 위해서 서로 다른 구매 지불 방법, 환불 및 교환 방법, 고객에 대한 보상 방법, 가격 할인 방법들을 가지고 실험을 통해 직접 증명하고자 했다.

자포스는 직접 실험을 통해서 고객들의 진짜 행동방식을 관찰할 수 있었고 고객이 무엇을 원하는지에 대해서 정확한 데이터를 갖게 되었다. 그리고 실험들을 통해 고객들과 많은 상호작용을 할 수 있었고, 자포스의 비즈니스 플랜에 따른 고객의 반응을 잘 예측할 수 있게 되었다. 예를 들어 가격 할인 정도에 따른 신발 가치에 대한 고객 인식에 대한 것들 말이다. 또한 예측되지 않은 고객의 반응에 대해서도 실망하거나 두려워하지 않고 항상 새로운 상황을 통해 좋은 것들을 배울 수 있다는 자포스만의 조직문화가 형성되었다.

# The Cause of Poverty

마지막 원서 읽기는 경제 관련 이야기이다. 오늘날 부의 양극화는 더욱더 심해지고 있다. 그런데 부의 불평등 그리고 그로 말미암은 빈곤 문제는 오래전 산업혁명 때도 정말로 큰 문제였다. 빈곤의 원인을 어떻게 해석하느냐에 따라 국가의 정책과 복지가 완전히 바뀌기도 했고 새로운 국가 통치 시스템이 등장하기도 했다. 자, 이제 이야기를 들어보자.

◆

What is the Cause of Poverty?

England, the country that achieved democracy and maximization of human productivity through civil revolution and the Industrial Revolution that occurred in the same period, embodied optimism that "all people will be prosperous." Also, policies on reduction of working hours and labor unions, which were enacted to solve labor rights problems during the Industrial Revolution, were anticipated to create a happy environment for laborers.

• democracy: 민주주의 • the Industrial Revolution: 산업혁명
• embody optimism: 낙관론을 가지고 있다 • prosperous: 번영한
• be enacted: 시행되다 • anticipate: 예상하다

◆

However, reality proved different. Many poor people still existed, with their numbers rising continuously. For example, the number of people who lost their ability to work due to labor accidents, people who could not survive on small income, and orphans on the streets continued to increase. The people of Great Britain were flustered with questions.

"Why is the country becoming poorer? What is the cause of poverty?"

• reality proved different: 현실은 다르게 판명되었다.
• with their numbers rising continuously: 수는 계속 증가했다
• be flustered with: ~에 휩싸였다 / 당황했다

◆

At the time, the British people naively believed that poverty is the effect of individual's laziness as well as lack of self-control and diligence. However, in the face of rapidly spreading poverty, people began to shift their attention from individuals to societies in order to seek the cause. In 1899, the United Kingdom became the first country in history to explore the cause of poverty. The investigation's results revealed that while individual's lack of self-control was a cause of poverty, its impact was minimal. The biggest reason was that low wages made it impossible for people to escape the cycle of poverty. During those times, families gave birth to many children, and people could not support their families with such low wages. The investigation confirmed to the British that poverty occurs not because of individuals, but because of society's structure and organization. Afterwards, the United Kingdom enacted a welfare policy of minimum wage to increase wages for all laborers. However, the minimum wage policy was not sufficient. Plenty of poor people still suffered from poverty. As a result, people continued to ask themselves of the causes of poverty.

● at the time: 당시 ● the British people naively believed: 영국 사람들은 순진하게 믿었다
● as well as: 또한 ● lack of self-control and diligence: 절제와 근면 부족
● in the face of rapidly spreading poverty: 급속도 퍼지는 빈곤을 직면하고는 ● shift: 바꾸다 / 옮기다
● The investigation's results revealed that: 조사 결과에 따르면 ● minimal: 최소한 / 극히 적은
● low wage: 낮은 임금 ● give birth to: (아이를) 낳다 ● society's structure: 사회의 구조
● a welfare policy of minimum wage: 최소임금 복지정책 ● sufficient: 충분한
● plenty of: 많은(=many) ● suffer from: (원인)으로 고통받다.

◆

First, a British political economist named Thomas Malthus asserted that the cause of poverty is a precipitous increase in population. According to Malthus, even if productivity increased 1, 2, 3, 4, 5, ⋯ in an arithmetic manner due to the Industrial Revolution, people can only become poorer if population increased 1, 2, 4, 8, 16, ⋯ in an exponential pattern. He claimed that population increased exponentially after the Industrial Revolution because the Revolution allowed improvements in people's survival methods. The economists who preceded Malthus believed that a population increase will lead to increase in labor, thus contributing to economic developments. After Malthus, however, many economists believed that a rapid increase in population leads to loss of productivity once it exceeds acceptable capacity. Unfortunately, Malthus' population theory was used by the government to justify its efforts to limit population without protecting human rights. William Pitt, the former Prime Minister, halted support for the poor with the population theory's logic as the basis of his decision.

• Thomas Malthus asserted that: 토마스 맬서스가 강력히 주장한 것은
• precipitous increase in population: 인구의 가파른 증가(increase in ~: ~의 증가)
• arithmetic: 산술급수적 • exponential: 기하급수적 • He claimed that: 그가 주장한 것은
• precede: (무엇을) 앞서다 • contribute to: (무엇에) 기여하다 • exceed: 능가하다
• acceptable capacity: 허용 가능한 용량 / 수용량 • unfortunately: 안타깝게도 • justify: 정당화하다

◆

Malthus' population theory survived for over 200 years, eventually making its way to China and Korea, where concepts of human rights were barely observed. Citing similar reasons as the British government, China and Korea initiated a powerful birth control policy that ignored human rights. Malthus' population theory brought monumental impact on the entire world. However, is the theory logically correct? Like what his theory may suggest, did everyone become poorer with demands exceeding supply as population increased? It did not happen. Just as Peter Diamandis, the president of X Prize Foundation, claimed that humanity's productivity did not only increase arithmetically, but rather increased exponentially, it seems that Malthus did not consider this fact.

• be barely observed: 거의 관찰되지 않다 • cite: 인용하다
• monumental impact: 기념비적인 영향력 • suggest: 제안 / 제시하다

◆

Let us return to the question "what is the cause of poverty." After the introduction of Malthus' population theory, scholars who disagreed with his assertions emerged. David Ricardo, an economist, asserted that poverty ensued despite increased productivity because the benefits of increased productivity were only enjoyed by a few land owners, not simply due to increase in population. In his view, population increase was not a direct cause of poverty. As population increases, more food is required. This increases demand for land, and farmland prices naturally increased. As farmland prices increased, costs for housing, factories, and offices also soared. As a result, increased productivity ultimately triggered rises in land prices, which led to benefits of increased productivity reaped by landowners, not laborers or entrepreneurs. This was the Ricardo's direct logic behind the cause of poverty.

• scholar: 학자 • disagree with: (무엇에) 동의하지 않다
• David Ricardo, an economist, asserted that: 경제학자 데이비드 리카르도가 주장한 것은
• despite increased productivity: 증가된 생산성에도 불구하고 • In his view: 그의 관점에는
• As farmland prices increased: 농토 가격이 상승함에 따라 • soar: 치솟다 / 비상하다 • trigger: 유도하다

◆

Ricardo asserted importation of food through free trade as a way to depreciate land prices, according to principles of free market economy. He called for importation of grains from agricultural nations such as Italy and Spain. The reason was that if demand for land decreased due to food imports, then land prices will also fall and benefits will be returned to laborers and entrepreneurs.

David Ricardo's logic was further extended by Henry George, another economist. George recommended a policy that returned all unearned income and eliminated income tax, which garnered much support.

• free trade: 자유무역 • as a way to depreciate land prices: 땅값을 떨어뜨릴 방법으로
•importation of grains: 곡물 수입 • agricultural nations: 농업국가 • The reason was that: 그 이유는 ~
•be extended: 확장 / 확대되다 • eliminate income tax: 근로소득 세금을 제거하다 • garner: 얻다

◆

Yet, Karl Marx put forth an answer that shattered the framework of conventionality. Marx believed that the cause of poverty traces back to imbalance of wealth driven by widening gap between capitalists and laborers within the capitalist system. His assertion was that the capitalists' profits through injection of capital, production, and sales were results of excess labor of the proletariat, and that these laborers did not receive fair compensation. Capitalists must survive fierce competition amongst themselves. In order to maintain capitalist's status, he must decrease labor costs and increase his own profits. This way, the capitalist can re-inject the profits into production for even greater profits. According to Marx, this was precisely the reason why the proletariat only received the bare minimum for survival, despite sophistication of industries and maximization of productivity.

• put forth: 앞에 내놓다 • shatter the framework: 틀을 깨부수다
•trace back to: (언제)로 거슬러 올라가다 • imbalance of wealth: 부의 불균등
•widening gap between capitalists and laborers: 자본가와 노동자의 넓어지는 갭 / 격차
•the capitalist system: 자본주의 • the proletariat: 프롤레타리아 계급(하층 노동자 계급)
•fair compensation: 공정한 보상 • fierce competition: 극심한 경쟁 • sophistication of industries: 산업고도화

Unlike Ricardo and George, Marx claimed that those who became wealthier were not landowners, but capitalists. In Marx's view, while capitalists were not idle, the returns of their own labor and massive contributions from laborers allowed capitalists to amass great wealth. He believed that within the capitalist system, the capitalists' authority and power became stronger and the proletariat became disadvantaged as laborers worked harder. Marx pointed to the capitalist system as the cause of poverty. Afterwards, he called for abolition of capitalist systems through revolutions led by unified laborers. The "Proletariat Revolution" allowed the establishment of socialist policies that transformed capitalists' production methods into society's shared entities, thus solving the problem of poverty. Marxism quickly spread across Europe, and using Marx's theories as his basis, Vladimir Lenin successfully established socialism through the "October Revolution." Beginning with Russia, countless countries fell like dominoes and embraced socialism. After Marx's death and within half a century, a sixth of the world's countries became socialist nations.

• amass: 축적하다 • become disadvantaged: 불리해지다
• as laborers worked harder: 노동자들이 더 열심히 일할수록 • pointed to: (무엇)을 지목하다 / 가리키다
• abolition: 폐지 • unified laborers: 단결된 노동자들 • Marxism: 마르크스주의
• fall like dominos: 도미노처럼 쓰러지다 • a sixth of the world's countries: 세계 국가의 6분의 1
• socialist nations: 사회주의국가

◆

"The twentieth century was an experimental time for ideologies of Marx." Just as the quote suggests, Marx's theory had extraordinary influence on the world. However, theories and the reality are vastly different. In the end, almost all communist countries that embodied socialism have collapsed and shifted to a system of capitalist economy. Now, the people of North Korea and Cuba suffer from extreme poverty.

● extraordinary influence: 굉장한 영향력<br>
●vastly different: 완전히 다르다

◆

"What is the cause of poverty?"
This simply question captivated the interests of many people, and the answers transformed societies. This question is still relevant today. Even now, the problem of poverty is still rampant across the world, and Korea's countless young adults and laborers still struggle with poverty.
"What is the cause of poverty?"
We must continue to ask ourselves the question and seek answers.

● captivate: 사로잡다 ● still relevant: 아직도 관련성 있는<br>
●rampant: 대세의 / 급속도로 확산되는 / 만연한

ENGLISH INTELLIGENCE

# 빈곤의 원인

　시민혁명을 통해 민주주의를 이룩한 나라, 산업혁명이 일어나 인간의 생산성을 극대화했던 나라, 바로 영국은 비슷한 시기에 일어난 이두 가지 혁명을 통해 '모든 사람이 윤택한 삶을 살게 될 것이다'라는 낙관론을 가지고 있었다. 그리고 산업혁명 과정에서 발생한 노동자 인권문제를 해결하기 위해 마련된 노동시간단축제도, 노동조합제도는 노동자들이 산업혁명의 주체로 행복하게 노동할 수 있는 환경이 될 것으로기대됐다. 하지만 현실은 달랐다. 여전히 가난한 사람이 많았고 그 숫자는 점점 더 늘어갔다. 노동 현장에서 부상당해 노동 능력을 상실한사람들, 적은 월급으로 먹고살기 힘든 사람들, 거리에 쏟아져 나오는고아들……. 영국인들은 의문에 휩싸였다. '왜 나라가 빈곤해지는가?빈곤의 원인은 무엇인가?'

　당시 영국인들은 가난이란 개인이 게으르고 절제를 안 하며 성실하지 않아 발생한 것이라는 순진한 생각을 가지고 있었다. 하지만 눈에보이는 엄청난 빈곤 앞에 사람들은 가난의 이유를 개인에서 찾지 않고 사회구조적으로 찾기 시작했다. 1899년 영국은 세계 최초로 빈곤의 원인을 조사했다. 조사 결과 빈곤의 원인이 무절제한 개인 탓도 있었지만 그 비율은 매우 낮게 나타났다. 가장 큰 이유는 일을 해도 월급이 쥐꼬리만 하여 가난의 굴레에서 벗어날 수 없다는 것이었다. 당시에는 가정마다 많은 자녀를 낳았는데 적은 월급으로는 가족을 제대로 부양할수 없었다. 이 조사 결과는 영국인들에게 빈곤이 개인이 아닌 사회구조적인 이유로 발생할 수 있음을 각인시켰다. 그리고 영국은 곧 최저임금제도를 실시해 전체 노동자들의 월급을 올리는 복지정책을 실시했다. 하지만 최저임금제도만으로는 충분하지 않았다. 가난한 사람들은 여전했다. 그 결과 사람들은 계속 "빈곤의 원인은 어디에 있는가?" 하고 질문했다.

먼저 영국의 정치경제학자 토머스 맬서스는 빈곤의 원인이 급격한 인구 증가 때문이라고 주장했다. 그는 산업혁명에 의해 생산량이 1, 2, 3, 4, 5, …… 산술급수적으로 증가하더라도 인구가 1, 2, 4, 8, 16, …… 기하급수적으로 증가하면 사람들은 점점 더 빈곤해질 수밖에 없다고 주장했다. 그는 산업혁명에 의한 인간의 생존 수단 발전으로 말미암아 산업혁명 이후 인구가 기하급수적으로 급격히 증가할 수 있었다고 말했다. 맬서스 이전의 경제학자들은 인구의 증가가 노동력의 증가로 이어져 경제 발전에 기여할 것으로 생각했다. 하지만 맬서스 이후 많은 경제학자가 급격한 인구 증가는 수용 가능량당 생산량의 감소를 가져온다고 생각하게 되었다. 안타깝게도 맬서스의 인구론은 인권을 보호하지 않는 정부의 인구 억제 수단을 정당화하는 논리로 사용되었다. 영국 총리였던 윌리엄 피트가 인구론의 논리를 기초로 하여 가난한 사람에 대한 지원을 중단했던 것이다.

맬서스의 인구론은 200여 년이 지나도 계속 살아남아 인권 개념이 빈약한 중국과 우리나라에 수입되었다. 중국과 우리나라 정부는 영국 정부와 같은 이유로 인권을 무시하는 강력한 산아 제한정책을 실시했다. 맬서스의 인구론은 전 세계에 엄청난 영향을 끼쳤다. 그런데 이 이론은 과연 맞는 논리인가? 그의 이론대로 지구 전체 인구 증가에 의한 수요 증가가 공급 증가를 훨씬 앞질러 모두가 빈곤해지는 세상이 도래했던가? 그러지 않다. X프라이즈재단의 회장 피터 디아맨디스가 말한 대로 인류의 생산 기술은 산술급수적으로만 증가하지 않고 기하급수적으로도 증가한다는 사실을 맬서스는 생각하지 않은 듯하다.

다시 '빈곤의 원인은 어디에 있는가?'로 돌아가자. 맬서스의 인구론 이후, 그의 주장에 동의하지 않는 학자가 속속 등장했다. 경제학자 데이비드 리카도는 생산력이 증가함에도 빈곤이 계속되는 이유를 단순히 인구가 증가하기 때문이 아니라 생산력의 이익이 소수의 땅 소득자에게 집중되기 때문이라고 주장했다. 그가 보기에 인구 증가는 빈곤의 직접적 이유가 아니었다. 인구가 증가할수록 더 많은 식량이 필요하다. 이것은 땅의 수요를 증가시키고 결국 농토 가격이 올라가게 된다. 그리고 농토의 지대가 올라가면 덩달아 집, 공장, 사무실을 짓기 위한 땅값도 올라간다. 결국 생산성 향상은 최종적으로 땅값의 상승을 부추기며 생산성 향상으로 늘어난 소득은 노동자, 기업가도 아닌 땅을 가지고 있는 지주의 몫이 된다. 이것이 리카도가 생각한 빈곤의 직접적 논리였다.

리카도는 자유시장경제 원리에 의한 땅값을 떨어뜨리는 방법으로 자유무역을 통한 식량 수입화를 주장했다. 그는 이탈리아나 스페인 같은 농업 국가로부터 곡물을 수입할 것을 주장했다. 왜냐하면 식량 수입을 통해서 땅에 대한 수요가 감소하면 땅값이 떨어질 것이고 결국 이익은 노동자와 기업가에게 돌아갈 것이기 때문이다. 이러한 데이비드 리카도의 논리는 향후 경제학자 헨리 조지에까지 이어졌다. 헨리 조지는 더나아가 불로소득을 모두 국가가 환수하고 노력한 대가로 버는 근로소득에 세금을 매기지 말자는 정책을 내놓았고 많은 지지를 받았다.

한편, 칼 마르크스는 기존의 틀을 완전히 깨는 대답을 내놓는다. 그는 자본주의경제 체제 속에서는 구조적으로 자본가와 노동자의 격차가 계속 커지고 이러한 비정상적인 부의 불균등이 빈곤 이유라고 생각했다. 자본 투입, 상품 생산, 상품 판매를 통해 생긴 자본가의 이윤은 노동자의 초과 노동의 결과에 따른 것이고 노동자는 정당한 임금을 받지 못한다는 것이 그의 주장이었다. 자본가들은 그들의 치열한 경쟁 속에서 살아남아야 한다. 자본가는 자본가의 지위를 유지하기 위해서 노동자의 몫을 줄이고 자신의 이윤을 올려야만 한다. 그래야만 그 이윤을 생산에 재투입시켜 더 많은 이윤을 창출할 수 있기 때문이다. 마르크스는 바로 이것이 산업이 아무리 고도화되고 생산력이 극대화되어도 노동자에게 돌아가는 몫이 사회 생계 수준밖에 되지 않았던 이유라고 주장했다.

마르크스는 데이비드 리카도, 헨리 조지와 달리 점점 더 부자가 되는 사람들은 지주가 아니라 자본가들이라고 말했다. 마르크스가 보기에, 자본가들은 비록 불로소득자들은 아니지만 자본가들이 노동한 몫과 함께 노동자들이 기여한 엄청난 몫을 챙김으로써 막대한 부를 축적한 것이었다. 그는, 자본주의 체제 속에서 노동자는 열심히 일하면 일할수록 자본가 계급의 권력과 지배만 강해지게 하고 노동자 계급은 더욱더 불리해진다고 생각했다. 마르크스는 빈곤의 원인을 자본주의 체제로 지목했다. 그러고는 혁명, 즉 노동자 계급이 하나의 정치적 계급으로

뭉치고 저항하는 혁명을 통해 자본주의 체제를 폐지할 것을 주장했다. 바로 이 '프롤레타리아 혁명'을 통해 자본가가 소유한 생산 수단을 사회 공유재로 만드는 사회주의제도를 세울 수 있고 이것이 빈곤의 문제를 해결한다는 것이다. 마르크스주의는 급속도로 전 유럽에 퍼졌고 러시아의 블라디미르 레닌은 마르크스를 이론적 기반으로 삼아 '10월 혁명'에 성공해 사회주의제도를 세웠다. 러시아를 시작으로 수많은 나라가 도미도처럼 사회주의혁명을 일으켰다. 마르크스가 죽고 반세기가 지나기도 전에 지구 땅덩이의 6분의 1이 사회주의국가가 되었다.

'20세기는 마르크스 사상의 실험장이었다.'

이 말처럼 마르크스의 이론이 전 세계에 끼친 영향력은 대단했다. 하지만 이론과 현실은 다르다. 결국 사회주의를 표방한 거의 모든 공산국가는 실패했고 자본주의경제 체제로 편입되었다. 지금 북한과 쿠바 사람들은 극심한 빈곤에 허덕이고 있다.

'빈곤의 원인은 어디에 있는가?'

이 단순한 질문은 수많은 사람의 호기심을 자극했고 이에 대한 대답은 사회를 변화시켰다. 이 질문은 아직도 유효하다. 지금도 전 세계적으로 빈곤의 문제는 엄청나며 우리나라의 수많은 청년, 노동자가 가난으로 고통받고 있다.

"빈곤의 원인은 어디에 있는가?"

우리는 계속 외치면서 답을 구해야 할 것이다.

## EPILOGUE
# 아이작, 영어책을 쓰다

2017년 회사 내에서, 외국어의 중요성이 높아지면서 영어 말하기 시험(Opic, 오픽)을 준비하는 직원이 많아졌다. 우리 부서 사람들 중에서 내가 외국물을 먹은 사람이었기에, 영어에 자신 없는 생초보 입문자들을 위한 재능 기부 요청을 받았고, 그저 동료를 도울 기회라고 생각해 흔쾌히 수락했다. 그렇게 나는 75일 동안 매주 1회 한 시간, 6명의 동료를 위한 영어 수업을 운영하게 되었다.

그런데 말이다! 문제는 내가 영어 강사 경험도, 영어 과외 경험도 없다는 것이었다. 학원에서 영어를 배운 게 아니었고, 미국에 살면서 영어 회화를 할 수밖에 없었기에 생활적으로 영어를 습득했던 것뿐이다. 어떠한 참고 데이터 없이, 나는 작가적 역량을 총동원하여 모든 강의안을 직접 만들어 가르쳤다.

궁즉통이라고, 영어를 가르치는 동안 수많은 애드리브와 학습자 눈

높이에 맞춘 맞춤형 교육법이 발명되었다. 정말 신기하게도, 필요에 따라 즉흥적으로 생각하고 만든 방법들이 시간이 지나면서 점차 체계적이고 중요한 방법으로 진화한 것이다. 이것은 기적과도 같은 경험이었다. 가장 큰 기적은 두 달 만에 아무리 노력해도 오픽 최저 등급조차 따지 못한 사람이 오픽 등급을 취득한 사건이었다.

영어에 전혀 자신 없는 사람들을 대상으로 나는 내가 잘하는 영어를 쉽고 재미있게 가르칠 방법을 고민했다. 항상 그들의 수준으로 눈높이를 맞춰야 했고 그 과정에서 다음의 질문을 던지고 답을 찾고자 했다.

'영어란 나에게 무엇인가?'

이 질문에 대한 나의 최종 답은, 영어란 그저 언어일 뿐이라는 것이다. 영어는 시험 과목, 평가 도구이기 이전에 생각을 전달하고 소통을 위한 언어다. 나는 영어 수업을 하기 전에 수강생들을 만나 여러 대화를 나누며 그들의 한국어 감각을 확인했다. 모두 뛰어난 한국어 감각이 있어 자신의 생각을 막힘 없이 그리고 재미있게 풀어냈다. 여기서 나는 이미 반은 성공했다고 생각했다. 영어 수업에서 나의 역할은 그들의 뛰어난 언어 감각을 영어로도 구사할 수 있도록 돕는 것이라 생각했기 때문이다. 나는 그들에게 난공불락처럼 보이는 영어도 세계의 수많은 언어 중 하나일 뿐이라면서, 한국어를 잘하니 영어 또한 잘할 것이라고 계속 강조했다. 두 달 반 동안 나는 그들의 한국어 습관을 분석했고 일상적인 말들을 어떻게 자연스럽게 영어로 바꿀 수 있는지를 가르쳤다. 그렇게 영어 수업은 성공적으로 마무리되었다.

수업 종료 후, 수강생 한 분이 강의 내용이 정말 유익했고, 자기들만 배우기 아깝다면서 가능하면 영어공부 책으로 집필하면 좋겠다는 의견을 주었다. 그 말이 씨앗이 되어 세상에 나온 것이 바로 이 책 《영어지능》

이다.

이 책을 출판하면서 한 가지 기대가 생겼다.

'우리나라 사람들이 '영어지능'을 통해 시험으로서의 영어가 아닌 언어로서의 영어를 구사하는 것!'

언어란 생각 전달 도구이다. 즉, 언어의 핵심은 '생각'이다. 당신이 미국과 세계에서 인정받는다면 그것은 영어를 통해 전달되는 당신의 생각이 훌륭하기 때문이다. 당신의 생각이 훌륭하면, 당신의 영어 발음이 유창하든 않든 외국인들은 당신의 생각을 인정한다.

하지만 우리나라 영어교육은 아직까지도 시험 영어의 틀을 벗어나지 못하고 있다. 높은 시험 점수를 얻기 위해, 미국에서 잘 사용하지 않는 표현과 어휘를 외워야 하며, 미국인들보다도 더 엄격하게 문법을 배운다. 또한 객관식으로 영어 수준을 평가하기 때문에 제한된 시간에 얼마나 빨리 문제의 답을 찾느냐의 전략을 알아야만 고득점이 가능하다. 주관식 영어 평가가 있어도, 학교나 학원에서 제시하는 모범 답안의 틀을 외우고 그 틀 속에 끼워맞추는 작문을 하는 경우가 많다. 이 모든 게 우리나라의 주입식 영어교육과 시험 때문이다. 안타깝게도 주입식 영어에는 생각을 전달하는 너무나도 당연한 언어 능력이 결핍된다. 그래서 영어 만점을 받아도 외국인들에게 자신의 생각을 제대로 말하지 못하는 것이다.

다시 한 번 말하지만, 내가 미시간대학교에 있는 동안 1세대 이민자 교수들을 많이 봤다. 독일인 교수, 인도인 교수, 한국인 교수, 중국인 교수, 이스라엘 교수……. 이들의 한 가지 공통점은 자신의 모국어 발음과 모국어 억양이 자연스럽게 영어에 드러난다는 것이다. 누가 들어도 그 교수가 1세대 이민자임을 알 정도였다. 하지만 학생들 누구도 그들의 발음을 문제 삼지 않았다. 왜냐하면 학생들이 배워야 할 것은 그들의 영어 발음과 억양이 아니라 뛰어난 생각이었기 때문이다. 독일 나치를 피해 미국에 간 아인슈타인조차 미국식 영어로 말하지 않았다. 아인슈타인의 강한 독일 억양과 히브리어 억양의 영어에 온 미국인이 귀를 기울였다. 우리도 마찬가지다. 미국에서 태어났거나 그곳에서 자연스럽게 영어를 습득하지 않았다면, 아무리 영어를 잘해도 미국인들에게는 외국인 발음과 억양으로 들린다. 하지만 그들은 당신의 발음과 억양을 문제 삼지 않을 것이다. 중요한 것은 영어를 통해 전달되는 당신의 생각이다.

거듭 강조한다. 영어는 시험 과목이 아니라 언어이다. 따라서 영어라는 매개체를 통해 어떻게 100점을 맞을지가 아니라 어떻게 당신의 위대한 생각을 효과적으로 표현할지를 고민해야 한다. 그것이 영어 공부의 최우선순위여야 한다. 이 점에서, 나의 책《영어지능》이 당신에게 좋은 디딤돌이 되길 기대한다.

당신의 영어지능이 상상할 수 없는 수준으로 비약하길 기원한다.

아이작 유

# 영어지능

초판 1쇄 인쇄 2020년 6월 26일
초판 1쇄 발행 2020년 7월 10일

지은이 | 아이작 유
펴낸이 | 전영화
펴낸곳 | 다연
주 소 | 경기도 고양시 덕양구 은빛로41, 502호
전 화 | 070-8700-8767
팩 스 | 031-814-8769
이메일 | dayeonbook@naver.com
편 집 | 미토스
본 문 | 디자인 [연:우]
표 지 | 강희연

ⓒ 아이작 유

IISBN 979-11-90456-10-4 (03320)

이 도서의 국립중앙도서관 출판예정 도서목록(CIP)은 서지정보유통지원시스템 홈페이지
(http://seoji.nl.go.kr)와 국가자료 공동목록시스템(http://www.nl.go.kr/kolisnet)에서
이용하실 수 있습니다. (CIP제어번호: CIP2020013307)